Olaf J. Schumann, Alexander Brink, Thomas Beschorner (Hg.)

Unternehmensethik

Forschungsperspektiven zur Verhältnisbestimmung
von Unternehmen und Gesellschaft

Ethik und Ökonomie
Band 4

Herausgegeben von
Thomas Beschorner, Matthias Kettner, Hans G. Nutzinger,
Stephan Panther, Josef Wieland

Unternehmensethik

Forschungsperspektiven zur Verhältnisbestimmung
von Unternehmen und Gesellschaft

Herausgegeben von

Olaf J. Schumann, Alexander Brink und Thomas Beschorner

Metropolis-Verlag
Marburg 2010

Bibliografische Information Der Deutschen Bibliothek
Die deutsche Bibliothek verzeichnet diese Publikation in der Deutschen Nationalbibliografie; detaillierte bibliografische Daten sind im Internet über <http://dnb.ddb.de> abrufbar.

Metropolis-Verlag für Ökonomie, Gesellschaft und Politik GmbH
http://www.metropolis-verlag.de
Copyright: Metropolis-Verlag, Marburg 2010
Alle Rechte vorbehalten

ISBN 978-3-89518-574-8

Inhalt

Olaf J. Schumann, Alexander Brink und Thomas Beschorner
Einleitung 7

Michael S. Aßländer
Moral als Managementaufgabe. Zur Bedeutung persönlicher Werte
des Managements für eine ethische Unternehmensführung 17

Alexander Brink
Spezifische Investitionen als Legitimation für Residualansprüche.
Governancetheoretische Überlegungen zur Einbindung von Ethik 57

Elisabeth Göbel
Strategisches versus ethisches Stakeholdermanagement 95

Jens Beckert
Sind Unternehmen sozial verantwortlich? 109

Dirk Matten, Andy Crane and Jeremy Moon
Corporations and Citizenship.
New Perspectives on Corporate Power and Responsibility 125

Andreas G. Scherer
Die multinationale Unternehmung als politischer Akteur in der
globalisierten Welt 151

Reinhard Pfriem
Wollen können und können wollen.
Die vermeintlichen Anpasser sind die Gestalter 167

Autorinnen und Autoren 189

Einleitung

*Olaf J. Schumann, Alexander Brink
und Thomas Beschorner*

Verantwortung ist ein Begriff, der heute für ein umfassendes unternehmensethisches Konzept zur Lösung (auch globaler) gesellschaftlicher, sozialer und ökologischer Probleme herangezogen wird. Die unüberschaubare Vielzahl von Publikationen zum Thema Unternehmensverantwortung bzw. Corporate Social Responsibility (CSR), Corporate Responsibility (CR), Corporate Citizenship (CC), Corporate Governance (CG), die Aktivitäten von Unternehmen in diesem Bereich sowie nationale und internationale politische Initiativen belegen dies eindrucksvoll. Diese Diskussion soll in dem vorliegenden Sammelband kritisch aufgegriffen werden.

In der heutigen, durch die so genannte Globalisierung gekennzeichneten Welt haben sich die Achsen verschoben. Vorangetrieben durch internationalen Handel (im Bereich Waren, Dienstleistungen und Kapital) und internationale Produktion (internationale Arbeitsteilung) transnationaler Konzerne verbunden mit der rasanten Entwicklung moderner Informations- und Kommunikationstechnologien sehen sich sowohl Unternehmen wie auch Gesellschaften (Politik und Bürger) einer völlig veränderten Situation gegenübergestellt. Nun ist die ökonomische Dimension der Globalisierung nicht die einzige, aber sie ist eine zentrale treibende Kraft dieser Entwicklung, die zugleich immer mehr Bereiche des Zusammenlebens sowie der individuellen Lebensführung, -planungen und -möglichkeiten erfasst. Wenn Habermas von der Kolonialisierung der Lebenswelt als Rationalisierung durch Ökonomie, Politik (Bürokratie) und Recht spricht, die es diskursethisch zu bändigen gilt,[1] gewinnt die ökonomische Rationalität in dieser Trias, die für sich schon nicht konfliktfrei ist, eine immer größere Bedeutung.

Die Zuständigkeiten verlieren zunehmend ihre Konturen und führen zu Machtverschiebungen, die die Akteure aus ethischer Sicht vor allem vor Orientierungs- und Legitimationsprobleme stellen.

In der seit einigen Jahrzehnten verstärkt stattfindenden Entwicklung hin zu einer globalen Weltwirtschaftsgesellschaft ist daher sowohl auf Seiten der Unternehmen als auch auf Seiten der Gesellschaft(en) die Unsicherheit über ihre zuvor „wohldefinierten" Rollen, Aufgaben und Verhältnisse gewachsen.[2] Beide Seiten – wenn man diese Polarisierung aus systematischen Gründen einmal vornehmen möchte – wachsen in eine Situation hinein, auf die sie nicht gut vorbereitet sind und die sie wechselseitig vor Herausforderungen stellt, deren Bewältigung noch ein völlig offener Prozess ist.

Eine Herausforderung ist dabei sicher das grundlegende Verhältnis von Unternehmen – vor allem, aber nicht nur, von Großunternehmen – und Gesellschaft in ethisch-normativer Perspektive. Es stellen sich etwa die Fragen neu, inwiefern Unternehmen Teile einer Gesellschaft sind, wie das Verhältnis von Unternehmensinteresse und allgemeinem Interesse zu beurteilen ist, welche legitimen Rechte im unternehmerischen Handeln zu respektieren sind u. a. m.

So wird auf der einen Seite bei Unternehmen eine weiträumige Verantwortung eingeklagt, deren Grenzen noch nicht absehbar sind. Auf

---

[1] „Dies bedeutet, dass Prozesse der Integration von sozialem Handeln durch Geld, Macht und Recht das Zentrum der Kommunikation in der Lebenswelt durchdringen, indem sie die Bereiche Familie, Schule, Bildung und öffentliche Diskussion den Imperativen ökonomischer, administrativer und rechtlicher Entscheidungsfindung unterwerfen. Die Kolonialisierung der Lebenswelt durch die Systeme bedeutet Monetarisierung, Bürokratisierung und Verrechtlichung von Kommunikationsproblemen. [...] d. h. dass ökonomische, politisch-administrative oder rechtlich zugewiesene Macht und nicht die besseren Argumente über die Durchsetzung von Vorschlägen, Meinungen oder Forderungen entscheiden" (Münch, R. 2004: Soziologische Theorie, Bd. 3, Frankfurt a. M./ NY, S. 297).

[2] „Wohldefiniert" soll hier nicht etwa heißen, dass das Verhältnis vorher konfliktfrei war; aber es kann doch gesagt werden, dass, nachdem sich die „industrielle Revolution" zu Beginn des 19. Jahrhunderts etwas beruhigt hatte, die Unternehmen in die Gesellschaft weitgehend integriert waren.

der anderen Seite wird von der Gesellschaft erwartet, dass sie mehr Vertrauen in die Marktmechanismen entwickelt, die von Unternehmen zunächst eine Konzentration auf ihre „genuinen" Aufgaben (z. B. Gewinnmaximierung) verlangen und Wohlstands- und Wohlfahrtsgewinne für alle in Aussicht stellen (Trickle-Down-Effekt).

Diese Fragen der Unternehmensverantwortung sind einerseits alt und andererseits neu. Alt sind sie insofern, dass, trotz der angesprochenen Integration, z. B. im Rahmen der Diskussion um Arbeitnehmerrechte und Arbeitsbedingungen oder auch um zunehmende Verdrängung kleiner durch große Unternehmen und deren steigender politischer Einfluss bereits im 18. und 19. Jahrhundert, die Rolle von Unternehmen in einer Marktwirtschaft immer auch Gegenstand theoretischer, politischer und gesellschaftlicher Reflexionen war.[3] Neu sind Fragen der Unternehmensverantwortung insofern, als dass der Prozess der Globalisierung durch die Störung dieser durchaus vorwiegend nationalstaatlichen Integration (einschließlich der jeweiligen Kolonialisierungen) nach einer neuen Definition von Unternehmen einschließlich ihrer Aufgaben verlangt.

In einer zunehmend globalisierten und komplexen Welt gewinnen Unternehmen an Macht und Einfluss: Unternehmerisches Handeln hat heute Auswirkungen auf viele gesellschaftliche, kulturelle, soziale und auch politische Bereiche. Nicht zuletzt sind es aber die großen und kleinen „Skandale", mit denen die Unternehmen in der Öffentlichkeit „Empörung", Unsicherheit und Unbehagen hervorrufen und durch die sie mit moralischen bzw. ethischen Ansprüchen verschiedener gesellschaftlicher Gruppen konfrontiert werden. Gleichzeitig ist im Zuge der Globalisierung der Wettbewerbsdruck gestiegen, der den Handlungsspielraum von Unternehmen einschränkt. Auf diese neue ambivalente Situation sind die Unternehmen oft noch nicht angemessen vorbereitet und auch die Gesellschaften sind verunsichert, wie sie die Rolle von Unternehmen vor diesem Hintergrund neu definieren sollen.

Genau dieser Fragestellung widmete sich ein interdisziplinärer Workshop im Dezember 2005 am Zentrum für interdisziplinäre Forschung (ZiF) der Universität Bielefeld. Wissenschaftler der Betriebs- und Volkswirtschaftslehre, der Philosophie, der Theologie, der Soziologie

---

[3] Vgl. schon früh Clark, J. B. (1879): Business Ethics, Past and Present, in: New Englander, 2: 157-168.

und den Rechtswissenschaften waren in Bielefeld vertreten. Die Referenten aus Deutschland, der Schweiz, England, den USA und Kanada diskutierten mit insgesamt 31 Teilnehmerinnen und Teilnehmern. Im Ergebnis bestand relative Einigkeit darüber, dass institutionelle Arrangements – sowohl innerhalb des Unternehmens als auch hinsichtlich der institutionellen Einbettung von Unternehmen in Wirtschaft und Gesellschaft – eine zentrale Bedingung für unternehmensethische Praxen darstellen. Darüber hinaus sollte aber auch die Rolle des Individuums und seine Fähigkeit zur Reflexion nicht unterschätzt werden.

Michael Aßländer geht in seinem Beitrag „Moral als Managementaufgabe" der Frage nach, welche Rolle das Verhalten des Managements eines Unternehmens für das Verhalten der Mitarbeiter spielt. Aßländer geht von der Feststellung aus, dass sich die aktuelle Unternehmensethikforschung vorwiegend mit den formalen Governance-Strukturen beschäftigt, mit denen das Verhalten der Mitarbeiter auch in moralischer Hinsicht gesteuert werden soll. So wichtig diese Ansätze auch sind, stellen sie doch für die Bewältigung moralischer Probleme in Unternehmen nur eine notwendige und keine hinreichende Bedingung dar. Es ist vor allem das Führungsverhalten unter den informellen Faktoren, das maßgeblichen Einfluss auf persönliche Werthaltungen, moralische Kompetenz etc. der Mitarbeiter habe. Es kommt also darauf an, diesem Thema eine besondere Aufmerksamkeit zu geben. Um die Ausgangsthese zu untermauern, analysiert Aßländer drei praktische Fälle von Unternehmensskandalen: Salomon Brothers, Enron und Parmalat. So unterschiedlich diese drei Fälle auch sind, kommt Aßländer zu dem Ergebnis, dass ein allen gemeinsames Grundmuster zu erkennen ist, das anhand von sechs Punkten erläutert wird. Kennzeichnend für dieses Muster ist, dass die herausgearbeiteten sechs Punkte direkt mit dem Verhalten des Top-Managements in Verbindung stehen und durch ein entsprechendes Führungsverhalten hätten vermieden werden können. Daraus resultiert die Forderung an die Unternehmensethik, sich stärker als bisher der individualethischen Dimension zuzuwenden.

In seinem Beitrag „Spezifische Investitionen als Legitimation für Residualansprüche" wendet sich *Alexander Brink* den Mitarbeitern eines Unternehmens zu. Ausgangspunkt ist die These, dass neben den Aktionären vor allem die Mitarbeiter ein Risiko der Residualerträge aufgrund ihrer spezifischen Investitionen tragen, aus denen sich Residualansprüche ableiten und normativ begründen lassen. Ziel ist die Verbindung von Stakeholdermanagement und Agency-Theorie als ökonomische Grundlage einer normativen Corporate Governance. Auch Brink nimmt seinen Ausgangspunkt bei großen Unternehmensskandalen, die vor allem ein Auslöser für die verstärkte Corporate-Governance-Forschung sind, also die Frage nach der Führung von Unternehmen in den Mittelpunkt rücken. Anders als Aßländer, der aus der Analyse praktischer Fälle Erkenntnisse für die Theorie gewinnt (induktiv), geht es Brink darum, aus theoretischen Überlegungen Folgerungen für die Praxis abzuleiten (deduktiv). Ausgangspunkt für Brink ist eine ausführliche und kritische Auseinandersetzung mit den Grundlagen der Corporate Governance, der Neuen Institutionenökonomik im Allgemeinen und mit der Agency-Theorie im Besonderen. Das Ziel ist es jedoch nicht, diese ökonomischen Theorien zu verwerfen, sondern auf ein Defizit aufmerksam zu machen, das im Rahmen dieses Theoriestranges behoben werden soll. Über die spezifischen Investitionen des Mitarbeiters werden Stakeholdermanagement und Agency-Theorie integriert und führen zu einer normativen Erweiterung der Corporate Governance. Praktisch bedeutet dies, dass die Mitarbeiter für ihre spezifischen Investitionen einen Ausgleich bekommen müssten, der dann gleichzeitig auch bei der Berechnung des Unternehmenswertes berücksichtigt werden sollte.

Elisabeth Göbel greift in ihrem Beitrag „Strategisches versus ethisches Stakeholdermanagement" ein Spannungsfeld auf, das in der Unternehmensethik kontrovers diskutiert wird. Wirtschafts- und Unternehmensethik ist für Göbel angewandte Ethik. Das bedeutet für sie vor allem, die Dimension der Verantwortung für die Folgen des Handelns zu betonen. Verantwortlich sind Unternehmen aber nicht nur gegenüber ihren Shareholdern, sondern gegenüber allen Stakeholdern. Da nach Göbel nicht von einer Harmonie zwischen Shareholder- und übrigen Stakeholderinteressen ausgegangen werden kann, bedarf es eines umfassenden Stakeholdermanagements. Dieses darf jedoch nicht nur strategisch unter dem Gesichtspunkt der Effizienz ausgerichtet sein, sondern muss sich mit den legitimen Ansprüchen der Stakeholder auseinandersetzen. Idealerweise ist dies nur in einem auf Verständigung hin orientierten Diskurs der Beteiligten möglich, in dem versucht wird, über Problemlösungen einen Konsens zu erzielen. Es bleibt zwar das Ziel, die legitimen Stakeholderansprüche mit den ökonomischen Zielen des Unternehmens in Einklang zu bringen, in Konfliktfällen jedoch steht die ethische Legitimation über dem Gewinninteresse.

Jens Beckert überschreibt aus soziologischer Perspektive seinen Beitrag mit der Frage „Sind Unternehmen sozial verantwortlich?" und geht das Thema Unternehmensverantwortung damit eher grundsätzlich an. Zunächst differenziert Beckert diese Frage nach drei unterschiedlichen Bedeutungen: (1) die empirische Bedeutung, also ob Unternehmen tatsächlich sozial verantwortlich handeln, (2) als Frage nach den Bedingungen der Möglichkeit sozial verantwortlichen Handelns und (3) als normative Frage. Die größte Relevanz sieht Beckert in der zweiten Bedeutung der Frage nach den Bedingungen der Möglichkeit; das Problem besteht jedoch darin, genau anzugeben, was denn mit sozial verantwortlichem Handeln gemeint ist. In Bezug darauf kontrastiert Beckert die ökonomisch rationalistische Erklärung mit der sozialkonstruktivistischen und dem soziologischen Neoinstitutionalismus. Andere normative Kriterien als Effizienz und Legitimität können dabei nicht angelegt werden. Die dritte Bedeutung der Frage, ob Unternehmen auch über ihre ökonomischen Ziele im Rahmen des vorgegebenen Ordnungsrahmens hinaus sozial verantwortlich handeln sollen, beantwortet Beckert mit einem klaren Nein. Ein Hauptproblem für Beckert liegt in der hier häufig vorgebrachten Bedingung der Freiwilligkeit, die über das Einhalten von Gesetzen hinausgeht. Andersherum erteilt Beckert aber auch der Forderung eine Absage, Unternehmen sollten sich an der Gestaltung der Regeln (des Ordnungsrahmens) beteiligen und damit eine von vielen diagnostizierte Schwächung des Staates kompensieren. Hierfür fehlt Unternehmen einfach die demokratische Legitimität.

Dirk Matten, Andy Crane und *Jeremy Moon* verwenden den Begriff Citizenship in ihrem Beitrag „Corporations and Citizenship. New Perspectives on Corporate Power and Responsibility" als Metapher. Während die meisten Wirtschaftsethiker Corporate Citizenship eher eng interpretieren, legen die Autoren ihrem Verständnis eine dreidimensionale Perspektive zugrunde. Ausgangspunkt ist die Typenunterscheidung von Rechten (*civil*, *political* und *social*), so wie sie sich bei Marshall findet. Unternehmen können als Bürger einer Gesellschaft verstanden werden, die unter den von Regierungen gesetzten Rahmenbedingungen wirtschaftlich aktiv werden, wobei *human citizens* von den *corporate citizens* unterschieden werden. Eine weitere Alternative ist, dass Unternehmen selbst Regierungsfunktionen übernehmen und damit Regeln für den Markt erlassen, also Rahmenbedingungen setzen. Zugleich bieten sie öffentliche Güter an. Schließlich können sie Bedingungen schaffen, unter denen Bürger als *citizens* verantwortungsvoll agieren können. Entsprechende Argumente für die eine oder andere Interpretation werden von den Autoren kritisch vorgetragen und umfassend erläutert. Im Zentrum stehen zwei Entwicklungen, nämlich die zunehmende Machtkomponente sowie die verstärkt wahrgenommene Verantwortungsübernahme der Unternehmen. Die Ambivalenz dieser Tendenz äußert sich dadurch, dass die zunehmende Macht kritisiert, zugleich aber mehr Verantwortung von den Unternehmen eingefordert wird. Dabei fällt auf, dass Unternehmen zumindest in ihrer Selbstbeschreibung Verantwortung in der Gesellschaft übernehmen (oftmals gefasst unter Begriffen wie *corporate citizenship*, *corporate social responsibility*, *business ethics* und *sustainable business*). Nicht selten werden diese Maßnahmen zur Markenpositionierung eingesetzt und von intensiven Reportingmaßnahmen begleitet. Je nach Interpretation schwanken die Rechte zwischen den einzelnen Stakeholdergruppen. Konzeptionell schließt hier die Diskussion um Aktionärsorientierung *(shareholder democracy)* auf der einen und die Bedeutung von Mitarbeitern oder Kundensouveränität *(stakeholder democracy)* auf der anderen Seite an. Die Autoren bezeichnen ihren Beitrag als primär konzeptionell und machen sich für politische Aspekte der *business-society relations* sowie für normative Implikationen stark.

Der Beitrag von *Andreas Georg Scherer* mit dem Titel „Die multinationale Unternehmung als politischer Akteur in der globalisierten Welt" untersucht, welche politische Verantwortung multinationalen Unternehmen im Falle globaler Regelungsdefizite bzw. bei Versagen staatlicher Institutionen zugeschrieben werden kann und welche Legitimationsprobleme sich daraus ergeben. Ausgangslage in dem theoretisch ausgerichteten Beitrag ist die Annahme, dass wirtschaftliche Aktivität nur im Rahmen von Spielregeln möglich ist. Da der Markt diese nicht selbst hervorbringen kann, setzt der Staat Rahmenbedingungen für die wirtschaftliche Aktivität. In einer globalisierten Welt werden verbindliche Regeln mit transnationaler Wirkung darüber hinaus von privaten Unternehmen und zivilgesellschaftlichen Akteuren entwickelt und durchgesetzt. Die ökonomische Theorie hingegen empfiehlt, dass nur unter den Bedingungen des freien Handels wirtschaftliche Entwicklung und Wohlstand weltweit optimal gefördert werden können. Eine weltweite Harmonisierung von Sozial- und Umweltstandards mindert bestehende Kostenvorteile der Entwicklungsländer. Vor diesem theoretischen Hintergrund wird sowohl die staatliche Politik als auch das Verhalten multinationaler Unternehmen kritisiert. Scherer zeigt nun die Steuerungsgrenzen gerade eines solchen liberalen Ordnungsmodells auf: So ist in der modernen Gesellschaft der Staat gar nicht mehr in der Lage, auf soziale Schieflagen mit entsprechenden Regeln zu reagieren, was die innere Souveränität des Staates unterwandert. Zur Überwindung dieses Dilemmas bringt Scherer die internationale Unternehmensethik ins Spiel und stellt die soziale Verantwortung der Unternehmen heraus. Im Detail geht er auf den Stakeholder-Ansatz, die Business & Society-Bewegung und die CSR-Forschung ein, denen er allesamt Defizite zuschreibt. Mit der Nürnberger Unternehmensethik, dem Corporate-Citizenship-Ansatz und einigen eigenen Überlegungen zur deliberativen Politiktheorie von Jürgen Habermas werden neuere Forschungsarbeiten vorgestellt, deren Legitimitätskonzepte noch erarbeitet werden müssen.

Mit dem Titel seines Beitrages „Wollen können und können wollen. Die vermeintlichen Anpasser sind die Gestalter" drückt *Reinhard Pfriem* ein Spannungsverhältnis aus, das bisher vernachlässigt wurde und auf einen doppelten Aspekt unternehmerischen Handelns verweist. Unternehmen passen sich nicht nur veränderten Gesellschafts- und Marktbedingungen an, sondern sie gestalten diese auch mit. Das ist nach Pfriem ohne eine kulturalistische Sichtweise nicht zu erfassen. Für die Unternehmensethik hat der von Pfriem vertretene kulturalistische Ansatz aber insgesamt weitreichende Konsequenzen, insbesondere auch für die Ethik. Als „normative Orientierung" seiner Ausführungen dient die „regulative Idee nachhaltiger Entwicklung von Wirtschaft und Gesellschaft", für die eine Tugendethik von besonderer Bedeutung ist, wobei Tugend hier als ein dynamisches, situationsspezifisches bzw. kontextgebundenes Konzept verstanden wird. Daraus folgt eine Ablehnung universalistischer Prinzipien und damit eine Kritik an normativer Ethik überhaupt.

Der vorliegende Band fasst diese Beiträge unter einer unternehmensethischen Klammer zusammen. Es ist leider keine Seltenheit, dass die Publikation von Tagungsergebnissen erst in einem gewissen zeitlichen Abstand erscheint. Wir freuen uns dennoch, die Vorträge in dieser Publikation vereinen zu können und damit einen Beitrag zur unternehmensethischen Forschung leisten zu können. Umso dankbarer sind wir dem Metropolis Verlag (Marburg), namentlich Herrn Hubert Hoffmann, dass wir unsere Ergebnisse in der Buchreihe „Ethik und Ökonomie" veröffentlichen können. Nicht nur seiner Geduld gilt unser Dank, sondern auch den beteiligten Autor(inn)en sowie dem Zentrum für interdisziplinäre Forschung (ZiF) der Universität Bielefeld. Dass die Veröffentlichung in dieser Form möglich wurde, liegt insbesondere an dem unermüdlichen Einsatz von Martin Schröter (Goethe-Universität Frankfurt), dessen technische und inhaltliche Unterstützung wir sehr zu schätzen gelernt haben. An dem Lektorat wirkten ferner Benjamin Huppert, Sebastian Becker und Julian Langer von der Universität Bayreuth mit. Ihnen allen gebührt unser Dank.

Nun bleibt am Schluss nur noch der Wunsch, dass unsere Leserinnen und Leser viel Spaß bei der Lektüre des Bandes haben und den einen oder anderen interessanten Impuls für ihre Forschungsarbeiten oder ihren unternehmerischen Alltag entdecken mögen.

Moral als Managementaufgabe

Zur Bedeutung persönlicher Werte des Managements
für eine ethische Unternehmensführung

Michael S. Aßländer

Einleitung

Die wirtschafts- und unternehmensethische Diskussion der vergangenen Jahre sowohl im internationalen Kontext als auch zunehmend im deutschsprachigen Raum konzentrierte sich überwiegend auf die Entwicklung formaler Strukturen und deren Einfluss auf das Moralverhalten im Unternehmen. Bezug nehmend auf seine eigenen Arbeiten aus dem Jahr 1981 konstatiert James Weber:

> "During the next decade the phrase, 'institutionalizing ethics' became a codeword and referent point for much of the applied business ethics research that followed (...)" (Weber 1993, 419).

Dabei beruhte diese Engführung der wirtschaftsethischen Betrachtungsweise nicht zuletzt auf einer starken Überbetonung des Principal-Agent-Ansatzes innerhalb der Organisationstheorie (Falkenberg/Herremans 1995, 133f.; Crane/Matten 2004, 190). Der Individualmoral von Managern und deren Vorbildfunktion für die Moral der Mitarbeiterinnen und Mitarbeiter wurde in diesem Zusammenhang nur geringe Aufmerksamkeit geschenkt. Im Vordergrund wirtschaftsethischer Bemühungen stand die Institutionalisierung geeigneter Steuerungsinstrumente, die korrektes Verhalten innerhalb der Unternehmung sicherstellen sollten. Entsprechend vielgestaltig ist denn auch das im Bereich der Unternehmensethik innerhalb der letzten zwei Jahrzehnte entwickelte formale Instrumentarium, mit dessen Hilfe es gelingen soll, die Unternehmensmoral positiv zu beeinflussen und das Risiko moralischen Fehlverhaltens in Unternehmen zu minimieren. Allerdings lassen die großen Unternehmensskandale der jüngeren Vergangenheit Zweifel daran aufkommen, ob alleine mit Hilfe formaler Strukturen das Moralverhalten der Mitarbeiterinnen und Mitarbeiter in ausreichendem Maße ‚gesteuert' werden kann. Vielmehr besteht der Verdacht, dass es trotz etablierter Ethikkodizes und eines entsprechenden ‚unternehmensethischen Instrumentariums' in vielen der Skandalunternehmen gerade das schlechte Beispiel der Vorgesetzten und deren Duldung respektive Förderung missbräuchlichen Verhaltens war, das letztlich die Verstöße gegen die offizielle Organisationsmoral in den genannten Unternehmen überhaupt erst ermöglichte.

Generell ist davon auszugehen, dass das Moralverhalten in Unternehmen in der Regel sowohl durch positive Anreizsysteme beeinflusst wird, die in der Lage sind, moralisches Verhalten innerhalb der Organisation zu fördern, wie auch durch präventive Anreizsysteme gesteuert ist, die dazu beitragen, unmoralisches Verhalten im Unternehmen zu unterbinden. Zu den positiven Einflussfaktoren auf Moral zählen beispielsweise eine Organisationsstruktur, die es erlaubt, die Individualmoral der Mitarbeiterinnen und Mitarbeiter in den Entscheidungsprozess einfließen zu lassen, ein Prämiensystem, das neben der Erreichung monetärer Kennzahlen ebenso die der jeweiligen Entscheidung zugrunde liegende Moral hinterfragt, oder eine offene und selbstkritische Unternehmenskultur. Zu den präventiven Maßnahmen zählen alle Formen der Sanktionierung moralischen Fehlverhaltens, so etwa langsamere Beförderung, Gehaltsreduktion, soziale Ächtung durch die Gruppe oder schließlich Entlassung bei fortgesetzten Verstößen.

Obwohl hierbei formale Strukturen – wie etwa die Rechts- und Eigentumsordnung, die Organisationsstruktur innerhalb des Unternehmens oder die formalen Entscheidungskompetenzen des einzelnen Mitarbeiters – zweifelsohne Einfluss auf dessen Handlungsmöglichkeiten besitzen, kommt den informellen Faktoren – wie z.B. den gelebten Traditionen, dem Betriebsklima oder den individuellen Normen und Werthaltungen von Mitarbeitern und Führungskräften – eine mindestens ebenso bedeutsame Rolle zu (Weaver 1995, 367; Lopez et al. 2005, 351; Zimmerli/ Aßländer 2006, 319ff.). Zwei wichtige Erkenntnisse der Organisationspsychologie scheinen dies zu untermauern: Zum einen orientieren sich die meisten Menschen in Krisensituationen, i. e. bei Entscheidungen unter Zeitdruck, ungenügender Information etc., im Zweifel an den in ihrer Kindheit sozialisierten Normen und Regeln. Das Normengerüst der frühen Sozialisation wirkt so durch das Gefüge später eingeübter Verhaltensnormen hindurch (Jones 1995, 868). Persönliche Werthaltungen lassen sich mithin nicht ohne weiteres durch die Unternehmenswerte ersetzen. Zum Zweiten dient das formale Gefüge in Unternehmen den meisten Mitarbeiterinnen und Mitarbeitern lediglich als Orientierungsrahmen. Lassen die formalen Strukturen des Unternehmens moralisches Verhalten zu, werden diese Freiräume von den Mitarbeiterinnen und Mitarbeitern mit hohen individuellen moralischen Ansprüchen auch genutzt, nicht jedoch von jenen mit nur geringen moralischen Ansprüchen (Wimbush 1999, 386ff.). Umgekehrt können entsprechende, im moralischen Sinne restriktive Strukturen, diese Individualmoral auch beschränken (Steinmann/Löhr 1994, 32ff.). Auch moralisch sensible Mitarbeiterinnen und Mitarbeiter treten hier nur selten in offene Konfrontation mit den offiziellen, durch die Unternehmensstruktur festgelegten Anforderungen der Organisation, selbst dann, wenn diese Strukturen zur Unmoral „zwingen" sollten (Kaufmann et al. 1986, 228ff.). Formale Strukturen stellen mithin eine notwendige, keinesfalls jedoch eine hinreichende Bedingung für moralisch richtiges Handeln innerhalb von Unternehmen dar (Falkenberg/Herremans 1995, 135).

Trotz der Vielzahl möglicher Einflussfaktoren auf das Verhalten der einzelnen Mitarbeiterinnen und Mitarbeiter kommt dem Führungsverhalten der Vorgesetzten eine besondere Bedeutung zu (Gini 1997, 325; Crane/Matten 2004, 173f.). Durch das Setzen positiver oder präventiver Anreize sind Vorgesetzte in der Lage, direkt auf das Moralverhalten im Unternehmen einzuwirken und so die moralischen Standards im Alltagshandeln der Mitarbeiterinnen und Mitarbeiter zu heben oder zu senken (Petrick/Qinn 2001, 331). Entsprechend beeinflussen die persönliche Integrität und das gute Vorbild des Vorgesetzten, der Führungsstil, seine individuellen Werthaltungen und Sensibilität und die persönliche Kompetenz in moralischen Fragen das Moralverhalten der Gruppe in weit höherem Maße als dieses alleine durch formale Vorgaben beeinflussbar wäre. So konstatieren Dawn Carlson und Pamela Perrewe:

"The ethical orientation of the leader is considered to be a key factor in promoting ethical behavior among employees" (Carlson/Perrewe 1995, 831).

Vorgesetzte sind in der Lage, jene Normen zu artikulieren und durchzusetzen, die letztlich das Verhalten der Unternehmensmitglieder bestimmen (Minkes et al. 1999, 382; Crane/Matten 2004, 173).
In diesem Kontext kommt dem Führungsverhalten des Vorgesetzten eine herausragende Rolle zu. Während ältere Klassifikationen entweder die Person des Führenden, dessen Verhalten, dessen Denkweisen oder dessen Machtbefugnisse zur Erklärung seiner Führungspersönlichkeit akzentuierten (Hinterhuber 1984, 301f.; Probst 1993, 393ff.), betonen neuere Ansätze insbesondere das Verhältnis von Führenden und Geführten (Wunderer 1993, 241f.). Um die spezifische Art und Weise der Führung und der Gefolgschaftstreue zu erklären, wird dabei davon ausgegangen, dass es sich um ein Verhältnis wechselseitigen Einverständnisses zwischen Führung und Gefolgschaft handelt. In diesem Sinne basiert die Gefolgschaft auf einer freiwilligen Nachfolge und nicht alleine auf der faktischen oder formalen Macht des Führenden (Guillén/González 2001, 176). Insbesondere in der neueren wirtschaftswissenschaftlichen Literatur werden in diesem Zusammenhang drei Führungsstile als bedeutsam akzentuiert (Ciulla 1995, 5ff.; Giampetro-Meyer et al. 1998, 1727f.; Guillén/González 2001, 177f.):

1. Charismatischer Führungsstil (*transformational leadership*): Der charismatische Führer inspiriert seine Nachfolger, indem er ihnen eine klare und einfache Vision mit auf den Weg gibt. Der charismatische Führer als Person strahlt Selbstvertrauen aus, er besitzt die Macht, Veränderungen herbeizuführen, und er ist bereit, seine Vision in die Tat umzusetzen, selbst wenn dies mit hohen persönlichen Risiken und Gefahren verbunden ist. Er schafft ein Klima des Respekts und des Vertrauens unter seinen Gefolgsleuten (Tucker et al. 2006, 197). Dabei zeichnet sich die Gefolgschaft des charismatischen Führers durch den Glauben an den Führer und ein hohes Maß an persönlicher Hingabe aus. Allerdings steigt oder schwindet dieses Zutrauen in den Führer in Abhängigkeit von den Erfolgen bei der Umsetzung seiner Vision (Weber 1980, 140).

2. Transaktionaler Führungsstil (*transactional leadership*): Transaktionale Führung basiert auf sozialem Austausch. Der transaktionale Führer bietet seinen Nachfolgern ‚soziale Chancen' um hierfür im Gegenzug Loyalität und Leistung zu erhalten. Die Beziehung zwischen Führern und Nachfolgern wird dabei als reine Austauschbeziehung gesehen (Giampetro-Meyer et al. 1998, 1728). Die zentrale Botschaft des Führers lautet:

„‚Do ut des' (Ich gebe, damit Du gibst); diejenigen, die für das Wohlergehen des Unternehmens tätig sind und den Führer bei seinen Bemühungen unterstützen, haben persönliche Vorteile von ihrem Verhalten und werden bevorzugt behandelt. In der Regel handelt es sich dabei um materielle Chancen, i.e. Prämien, Sondervergütungen oder Beförderungen" (Guillén/González 2001, 178).

3. Dienender Führungsstil (*Servant Leadership*): Der ‚dienende' Führer ist vor allem am Wohlergehen seiner Mitarbeiter, seiner Kunden und seiner übrigen externen Stakeholder interessiert. Er sieht seine Aufgabe darin, den Interessen all jener zu dienen, für deren Wohlergehen er unmittelbar und mittelbar verantwortlich ist. Sein Ziel ist es, diese zu fördern und sie als Personen ‚wachsen' zu lassen. Dabei geht es dem ‚dienenden' Führer vor allem darum, die Individualität und die Autonomie der Mitarbeiterinnen und Mitarbeiter zu betonen und die vorhandenen Anlagen jedes einzelnen zu stärken (Giampetro-Meyer et al. 1998, 1728; Guillén/González 2001, 179f.). Allerdings spielt diese Art der Führung wohl allenfalls in monastischen Gemeinschaften eine gewisse praktische Rolle.

In der unternehmerischen Praxis sind insbesondere die beiden erstgenannten Führungsstile von Bedeutung. Dabei lässt sich zeigen, dass sowohl eine charismatische wie auch eine transaktionale Führungskultur in hohem Maße dazu neigen, die moralische Dimension des Managementhandelns auszublenden. So etwa tendieren charismatische Führer häufig zu einer Art Narzissmus, der ihnen eine kritische Reflektion des eigenen Verhaltens sowie den objektiven Umgang mit Kritik erschwert. Der charismatische Führer ist in der Lage, seinen Fähigkeiten und die Begeisterung seiner Nachfolger sowohl zum Guten wie zum Bösen einzusetzen (Giampetro-Meyer et al. 1998, 1728ff.). Ebenso führt das Streben der transaktionalen Führer nach Konformität und Gruppenzusammenhalt und eine strikte Zielorientierung häufig zu selektiver Wahrnehmung der Wirklichkeit und zum Ausschluss all jener, die dem Gruppenverhalten kritisch gegenüberstehen. Gezielt umgibt sich der transaktionale Führer mit jenen Mitarbeiterinnen und Mitarbeitern, die sein Anliegen bedingungslos unterstützen und blendet die Möglichkeit zur kritischen Reflexion somit ex ante aus (Giampetro-Meyer et al. 1998, 1731ff.).

1. Die ‚soziale Praxis' als Basis der Moral im Unternehmen

Für die Moral der Mitarbeiterinnen und Mitarbeiter kommt der sozialen Praxis, i. e. der gelebten Moral im Unternehmen und der Vorbildfunktion der Vorgesetzten, eine besondere Rolle zu. Es ist zu vermuten, dass in zahlreichen der in die Unternehmensskandale der jüngsten Zeit verwickelten Firmen die praktisch gelebte Unternehmenskultur weit von den formalen Vorgaben der Ethikkodizes und der formalen Verhaltensrichtlinien der Unternehmen abwichen. In aller Regel, so die These, standen hier die durch das Top-Management vermittelten Normen und Werthaltungen den offiziellen Verhaltensrichtlinien der Unternehmenskodizes diametral entgegen, wurden aber aufgrund des so erzielten unternehmerischen Erfolgs in aller Regel sowohl von den Anteilseignern als auch durch die kritische Öffentlichkeit toleriert.

Die Möglichkeiten der negativen Beeinflussung der Mitarbeiterinnen und Mitarbeiter durch die Führungsverantwortlichen im Unternehmen sind dabei generell vielfältiger Natur: Zum einen sind Vorgesetzte in der Regel darum bemüht, sich mit ‚Gleichgesinnten' zu umgeben und ihren engeren Mitarbeiterstab entsprechend auszuwählen. Kritische Mitarbeiter werden dann zumeist nicht befördert, bzw. entlassen (Sims/Brinkmann 2002, 334; Sims/ Brinkmann 2003, 251). Zum Zweiten gelingt es Vorgesetzten, die Verhaltensweisen der Mitarbeiterinnen und Mitarbeiter durch ein System von Belohnung und Bestrafung in ihrem Sinne zu beeinflussen. Die von ihnen formulierten Visionen und Unternehmensziele legen dabei jene Kriterien fest, an denen sich die Mitarbeiterinnen und Mitarbeiter orientierten sollen und die es zu erfüllen gilt (Sims/Brinkmann 2002, 333; Sims/Brinkmann 2003, 250). (3) Zum Dritten richten erfahrungsgemäß insbesondere neue Organisationsmitglieder ihr eigenes Verhalten primär an der bereits etablierten Unternehmenskultur aus. Eine kritische Diskussion innerhalb der Unternehmung, die unmoralisches Verhalten hinterfragen, wenn nicht sogar begrenzen könnte, wird somit ex ante ausgeblendet. Dies führt in der Konsequenz zu der unreflektierten Annahme aller Unternehmensmitglieder, dass der eingeschlagene Weg der richtige sei (Janis 1982, 174ff.).

Die zentrale These, die es im Folgenden zu untersuchen gilt, lautet daher, dass insbesondere der Führungsstil der Vorgesetzten das moralisch fragwürdige Verhalten von Mitarbeiterinnen und Mitarbeitern beeinflusst. Exemplarisch soll dabei auf die Fälle *Salomon Brothers*, *Enron* und *Parmalat* eingegangen werden. Dabei gilt es zunächst, die je spezifische Architektur der einzelnen Fälle in ihren wesentlichen Strukturen nachzuzeichnen. In einem zweiten Schritt soll dann der Frage nach den Gemeinsamkeiten insbesondere im Führungsverhalten der Vorgesetzten nachgegangen werden, die als maßgebliche Faktoren für die Erklärung des Fehlverhaltens der Mitarbeiterinnen und Mitarbeiter angesehen werden.

1.1 Der Fall Salomon Brothers

1.1.1 Salomons Geschäft mit Staatsanleihen

Während der 1980er Jahre zählte Salomon zu den bedeutendsten Händlern US-US-amerikanischer Staatsanleihen. Diese Anleihen wurden ca. vierzigmal pro Jahr durch das Schatzamt versteigert und umfassten Papiere verschiedener Laufzeit im Gesamtwert von etwa 2 Billionen USD pro Jahr. Die Gebote der jeweiligen Händler wurden dabei am Versteigerungstag bei einer der zwölf Filialen der Federal Reserve Bank eingereicht, wobei jeder Bieter mehrere Gebote zu unterschiedlichen Preisen abgeben konnte; allerdings mussten Anleihen mindestens im Wert von 1 Million USD übernommen werden. Den Zuschlag der Auktion erhielten die Bieter mit dem niedrigsten Zinssatz. In der Regel überstieg dabei die Gesamtsumme der Gebote die Menge der zu emittierenden Schuldverschreibungen um ein mehrfaches. Entsprechend wurden die Anleihen nach Quote verteilt: Gab es mehrere Bieter zum niedrigsten Zinssatz und überstieg deren Gesamtgebot die Gesamtmenge der auszugebenden Staatsanleihen, erhielten sie prozentual jene Quote, die dem Anteil ihres Gebotes am Gesamtgebot entsprach. Gab es zu wenige Bieter zum niedrigsten Zinssatz, wurden diese voll berücksichtigt und die Bieter mit dem nächst höheren Gebot wurden entsprechend ihrer Quote befriedigt (Mayer 1995, 217f.).

Entscheidend für das Kaufverhalten der Händler war dabei, dass die Staatsanleihen auf einem ‚when-issued'-Markt bereits vor ihrer eigentlichen Ausgabe, d. h. ab dem Zeitpunkt ihrer Ankündigung durch das Schatzamt, gehandelt werden konnten. Der Gewinn der Händler resultierte dabei aus der Differenz zwischen den Zinssätzen beim Vorabverkauf und den Zinssätzen bei Anleiheemission. Da für die Auktion das niedrigste Gebot entscheidend war, galt theoretisch die Annahme, dass dieses nur marginal über den Zinssätzen des ‚when-issued'-Marktes liegen würde und sich damit die Finanzierung der Staatsanleihen aus Sicht der Regierung verbilligte (Mayer 1995, 219). Umgekehrt waren insbesondere risikoscheue Kunden bereit, Anleihen auf dem ‚when-issued'-Markt teurer, i. e. zu niedrigeren Zinssätzen, zu kaufen. Entsprechend lukrativ war es für die professionellen Händler Anleihen auf diesem Markt ‚leer' zu verkaufen und sich hinterher im freien Handel mit Anleihen zu niedrigeren Preisen einzudecken, um ihre Positionen glatt stellen zu können. In aller Regel betrug die Kursdifferenz hier zwischen 0,02 und 0,03 Prozent und war lediglich bei einem entsprechend hohem Umsatz lukrativ (Mayer 1995, 220f.).

Gelang es einem der Händler, die volle Emission einer bereits auf dem ‚when-issued'-Markt überzeichneten Schuldverschreibung zu übernehmen, war er nun theoretisch in der Lage, all jenen, die diese Position ‚leer' verkauft hatten und nun gezwungen waren, ihre Positionen glatt zu stellen, beliebige Preise zu diktieren. Um eine 100 Prozent Übernahme einer Anleihe durch einen Wertpapierhändler zu verhindern, galt daher informell die Regel, dass keines der bei der Auktion eingereichten Gebote 35 Prozent der Gesamtemission übersteigen sollte. Zudem wurde ein Teil der Schuldverschreibungen außerhalb der Auktion an nicht professionelle Bieter verkauft.

Dies bildet den Hintergrund für den Skandal der Mai-Auktion des Jahres 1991 für Staatsanleihen mit zweijähriger Laufzeit.

1.1.2 Paul Mozers Marktstrategie

Paul Mozer übernahm das Staatsanleihengeschäft bei Salomon 1988. In etwa zeitgleich begann sich die Unternehmenskultur bei Salomon unter dem neuen CEO John Gutfreund zu verändern. Betrachtete sich Salomon unter Gutfreunds Vorgänger, William Salomon, noch weitgehend als Partnerunternehmen, in dem eine Abteilung stets für das Wohlergehen der anderen mitverantwortlich zeichnete, obwohl sich dies nie rechnerisch in Form von Umsatzzahlen oder Gewinnen niederschlug, erforderte die Umwandlung in eine Aktiengesellschaft die Aufteilung des Unternehmens in einzelne Abteilungen, die nun anhand ihrer Rentabilität verglichen werden konnten (Mayer 1995, 212). Dabei war der Handel mit Staatsanleihen ein zwar sicheres aber aufgrund der relativ geringen Gewinnmargen nur wenig rentables Geschäft.

Im Jahre 1990 versuchte Paul Mozer erstmals bei einem Gebot für Staatsanleihen zu mehr als 100 Prozent der Gesamtemission zu bieten, um so den prozentualen Anteil des Zuschlags für Salomon zu erhöhen und damit die eigene Gewinnmarge zu steigern. Das Schatzamt rügte Mozer und verwies auf die informellen Regeln für die Emission von Staatsanleihen. Als Mozer sich auch bei der nächsten Auktion nicht an die Regeln hielt, kürzte das Schatzamt eigenmächtig sein Gebot auf 35 Prozent (Mayer 1995, 230f.).

Da es jedoch nicht verboten war, sowohl für das eigene Unternehmen wie auch für Kunden des Unternehmens zu bieten, fingierte Paul Mozer im Folgenden Kundengebote, um so die Quote von 35 Prozent zu überschreiten. Dabei bestand der eigentliche Trick darin, dass Mozer unmittelbar nach Emission die Papiere scheinbar auf dem freien Markt von jenen Unternehmen zurückkaufte, in deren Namen er bei der Auktion angeblich geboten hatte. Die scheinbar beteiligten Unternehmen wurden dabei über die Geschäfte Salomons in ihrem Namen nicht informiert. Dieses Vorgehen wurde im Wesentlichen durch zwei Faktoren erleichtert: Zum einen wachte die Federal Reserve Bank zwar peinlichst genau auf die Einhaltung der 35 Prozent Klausel, handhabe die Überprüfung der Kunden, in deren Namen geboten wurde, aber relativ nachsichtig. Zum Zweiten erlaubte es die Einführung elektronischer Arbeitsplätze, die Buchungen lediglich am eigenen Terminal durchzuführen, ohne dass eine Auftragsbestätigung an den jeweiligen Kunden versandt wurde.

Ab Juli 1990 legte Mozer daher mehrfach Gebote sowohl im Namen Salomons als auch fingierte Gebote im Namen diverser Kunden vor. Sowohl bei der Juli-Auktion wie auch bei der August-Auktion und der Dezember-Auktion gelang es Paul Mozer, mit Hilfe dieses Tricks erfolgreich die Quote Salomons über 35 Prozent zu steigern. Als er im Februar 1991 versuchte, mit Hilfe fingierte Kundengebote 105 Prozent zu bieten, flog der Schwindel beinahe auf, da einer der Kunden, das englische Bankhaus Warburg & Co., ohne Mozers Wissen zeitgleich ein eigenes Gebot eingereicht hatte. Damit hätten Warburg & Co. die nunmehr streng überwachte 35-Prozent-Regel verletzt. Das Schatzamt informierte daher Warburg & Co. sowie deren vermeintlichen Agenten Paul Mozer, dass sie sich an besagte Regel zu halten hätten. Mozer, dessen Schwindel aufzufliegen drohte, informierte umgehend die Direktoren von Warburg & Co. darüber, dass es sich hier um einen ‚Verwaltungsirrtum' Salomons handele und bat diese um Diskretion gegenüber der Federal Reserve Bank. Gleichzeitig informierte Paul Mozer den für den Handel mit festverzinslichen Wertpapieren zuständigen stellvertretenden Vorstandsvorsitzenden John Meriwether über sein Verhalten (Mayer 1995, 232ff.).

Nur einen Tag später, am 25. April 1991, reichte Paul Mozer erneut fingierte Gebote bei der Federal Reserve Bank ein. Obwohl John Meriwether den Vorstand über das Verhalten Paul Mozers informiert hatte, unternahm dieser nichts, um das betrügerische Verhalten Mozers zu ahnden oder künftiges Fehlverhalten zu verhindern. Offensichtlich sah man Mozers aggressives Vorgehen als ein mit der Politik des Hauses durchaus vereinbares Verhalten an (Mayer 1995, 236).

Im Mai 1991 gelang es Mozer schließlich nahezu den gesamten Bestand der Emission für zweijährige Staatsanleihen gemeinsam mit seinen ‚Kunden' zu übernehmen. Damit war Salomon in der Lage, all jenen Händlern, die auf dem ‚when-issued'-Markt ‚leer' verkauft hatten, nahezu beliebige Preise zu diktieren. Aufgrund der fast vollständigen Kontrolle über diese Staatsanleihen durch Salomon, leitete die Börsenaufsicht eine Untersuchung des Falles ein. Im August traten John Gutfreund, John Meriwether und Thomas Strauss als Vorstände zurück, Paul Mozer und sein Assistent Thomas Murphy wurden entlassen und Donald Feuerstein, Syndikus des Hauses Salomon, legte sein Amt nieder und verließ das Unternehmen. In der Folge wurde Salomon von weiteren Auktionen für Staatsanleihen vorläufig ausgeschlossen.

1.1.3 Ursachenanalyse

In den nachfolgenden Untersuchungen der Börsenaufsicht und anderer Staatsorgane stellte sich heraus, dass Salomon Brothers in mehr als 30 Auktionen gefälschte Gebote abgegeben hatte (Sims 2000, 65). Entscheidend für das fortgesetzte Fehlverhalten Paul Mozers und anderer waren hierbei offensichtlich mehrere Faktoren:

1. Mit der Übernahme der Geschäftsführung durch John Gutfreund änderte sich der Führungsstil bei Salomon Brothers. Gutfreund betrachtete sich selbst als Trader und forderte auch seine Mitarbeiter zu aggressivem Verhalten auf. Seine Devise, die er jungen Trainees zu Beginn ihrer Arbeit mit auf den Weg gab, lautete: "(…) to be ready to 'bite the ass of a bear'" (Freedman/Mickens 1993, 5). Gleichzeitig war Gutfreund in Personalfragen und in strategischen Fragen wenig entscheidungsfreudig und reagierte hier zumeist nur unter Druck von außen (Sims/Brinkmann 2002, 331). Die Umwandlung von Salomon Brothers von einer Partnergesellschaft zu einer Aktiengesellschaft machte zudem eine Neustrukturierung bei den Mitarbeitergratifikationen notwendig. Während die Partner langfristig in ihre Geschäftsanteile investierten, waren die Mitarbeiter der Aktiengesellschaft eher an einmaligen Bonuszahlungen interessiert. Entsprechend galt es, die Gehaltszahlungen der neuen Unternehmensform anzupassen und ein leistungsbasiertes Gratifikationssystem zu etablieren. Allerdings wurden die jeweiligen Mitarbeitergratifikationen jährlich durch ein Gehaltskomitee festgelegt, dem Gutfreund selbst vorstand. Letztlich blieben die einzelnen Bonuszahlungen so von der sehr subjektiven Einschätzung Gutfreunds abhängig, was zu Missstimmung in den einzelnen Abteilungen und letztlich zu zahlreichen Kündigungen führte (Freedman/Mickens 1993, 14; Sims/ Brinkmann 2002, 333f.).

2. Um dieses Problem in den Griff zu bekommen entschied Gutfreund die einzelnen Abteilungen auf ihre Rentabilität hin zu prüfen. In der Folge wurde die Hypothekenabteilung Salomons unter Leitung Lewis Ranieris aufgelöst, wodurch Salomon eine Vielzahl seiner besten Mitarbeiter verlor. Trotz allem gelang es Gutfreund nicht, das Problem ‚ungerechter Gehaltszahlungen' zu lösen. Letztlich führten die Vorgaben für die einzelnen Abteilungen dazu, dass es nun ausschließ-

liches Interesse der Händler war, die eigenen Planzahlen zu erreichen. Zunehmend zeichnete sich das Unternehmen nun dadurch aus, dass die Mitarbeiter bestrebt waren, clevere Lösungen für die Umgehung der bestehenden Regeln zu finden. Das Klima der einzelnen Abteilungen war bestimmt von Neid, einer Missachtung gegenüber gesetzlichen Regelungen und einer verächtlichen Einstellung gegenüber den moralischen Regeln, an die sich andere gebunden fühlten (Sims 2000, 66).

"Greed is a quality that can push people to break ethical standards to further their cause and make money. And greed was a seed that Gutfreund planted in Salomon's culture which contributed to its employees ignoring ethical and legal standards and resulted in the bond trading scandal" (Sims 2000, 70).

3. Am Entscheidensten für die mangelnde Moral der Mitarbeiter war wohl das Fehlen jedweder Sanktionen moralisch fragwürdigen Verhaltens. Niemand seitens des Direktoriums dachte auch nur im Entferntesten daran, das Verhalten Paul Mozers zu maßregeln. Im Prinzip ging es weit eher darum, der Verfolgung durch die Aufsichtsorgane zu entgehen als darum, moralisches Fehlverhalten im Unternehmen abzustellen.

"Gutfreund's reaction to unethical and illegal behavior in his organization was to try to cover it up. When the initial cover-up failed, he then lied and attempted to save his position as CEO" (Sims/Brinkmann 2002, 332).

Die Manipulation von Märkten wurde insgesamt als hilfreiches Mittel gesehen, Profit zu erwirtschaften. Entscheidend für Gutfreunds System an Bonuszahlungen war nicht die Frage nach dem Wie sondern nach der Höhe der für Salomon erwirtschafteten Gewinne (Sims 2000, 71). Die so gesetzten Anreize mussten dem Bemühen der Bank um Integrität und Vertrauen diametral entgegenwirken.

1.2 Der Fall Enron

1.2.1 Die Enron-Story

Bedingt durch die Liberalisierung des Energiemarktes wandelte sich das Untenehmen Enron vom einfachen Energieerzeuger zum größten Energiegroßhändler der Vereinigten Staaten. In Folge der Neustrukturierung des Unternehmens wurde Enron zu einer der bestnotierten Aktiengesellschaften auf dem US-Markt. Allerdings zwang die nun starke Abhängigkeit von den Kreditrating-Agenturen bei der Kapitalbeschaffung das Unternehmen zu einer stetigen Verbesserung seiner ‚Kreditwürdigkeit'. Anstatt sich weiterhin auf das Energiegeschäft zu konzentrieren, begann sich Enron zunehmend an den eigenen Börsennotierungen zu orientieren. "The first priority (is) to keep the stock price up" wurde zur ehernen Maxime des Unternehmens (Tonge 2003, 6). In der Folge benutzte Enron eine zunehmende Zahl von Finanzierungstricks und zweifelhaften Bilanzierungspraktiken, um seine wahre Finanzsituation zu verschleiern und die eigenen Bilanzdaten zu schönen. Dabei war Enron auch auf die Hilfe von Investmentbanken und Börsenanalysten angewiesen.

Um seine Bilanz zu schönen verbuchte Enron beispielsweise auf Grundlage so genannter ‚structured-finance-transactions' Kredite als Vorauszahlungen, ohne diese als Verbindlichkeiten in der Bilanz auszuweisen (Hearing 2002d, 5ff.). In der Regel verkaufte Enron Strom oder Gas an eine ‚special purpose entity', die einer der beteiligten Geschäftsbanken gehörte, und sicherte das Kreditrisiko durch eigene Aktienoptionen ab. Eine tatsächliche Lieferung war dabei in den meisten Fällen nicht vorgesehen. Tatsächlich handelte es sich um einen Kredit, der in der Regel durch Ausübung der Aktienoption beglichen wurde.

Positive Kredit-Ratings, gute Werte der Börsenanalysten und entsprechend anlegerfreundliche Unternehmensdaten waren die conditio sine qua non der Geschäftspolitik. Enrons Strategie war es, stetig Cashflow zu generieren und wachsende Umsatzzahlen zu präsentieren.

"Funds flow and the appearance of funds flow became the Enron mantra in order to keep Enron's credit rating up and its stock price climbing (...)" (Hearing 2002c, 3).

Um dies zu erreichen, begann sich Enron als ‚schlankes Unternehmen' zu präsentieren und sich von unnötigem ‚Ballast' zu trennen. Jene Vermögenswerte, die nicht in direktem Zusammenhang mit dem Kerngeschäft Enrons standen, wurden systematisch aus der Bilanz ausgegliedert (Zellner 2001, 1). Diese Strategie des „asset-light-management" (Hearing 2002c, 54) half zwar, die Erwartungen der Wall Street zu erfüllen, führte aber langfristig zum Abfluss von Vermögenswerten. Einem durch Unternehmensdiversifikation (Breitbandgeschäft, Papiergeschäft etc.) zunehmend riskanter gewordenen Tagesgeschäft standen so immer geringere Vermögensmassen gegenüber.

Als schließlich der dotcom-Boom abflaute und sich Enron sinkenden Aktiennotierungen gegenüber sah, geriet das Kartenhaus aus Finanzierungstricks und Falschbilanzierungen ins Wanken und führte zu einer der größten Pleiten der US-amerikanischen Wirtschaftgeschichte. Am 2. Dezember 2001 meldete das Energieunternehmen Konkurs an. Der Zusammenbruch führte allein bei den Aktionären zu einem Verlust in Höhe von mehr als 60 Milliarden USD (Hearing 2002d, 167). Etwa die Hälfte aller US-Haushalte war von der Pleite mittelbar und unmittelbar, vor allem durch die hohen Verluste ihrer Pensionsfonds, betroffen (Hearing 2002c, 1; Hearing 2002a, 9ff.). In der Folge des bis dahin größten Konkurses der US-amerikanischen Geschichte kam es zu zahlreichen Untersuchungen durch verschiedene amerikanische Regierungsbehörden.

1.2.2 Creative Accounting

Die Firma Arthur Andersen war für Enron sowohl als Rechnungsprüfer wie auch als Unternehmensberater tätig. Darüber hinaus arbeitete Andersen für zwei Jahre als interner Rechnungsprüfer für Enron. In Anlehnung an Enrons Geschäftspraktiken war es Andersens Ziel, "to be the partner of success" in der New Economy. Andersen konzentrierte daher sein Kerngeschäft auf die "Emerging 10" – die zehn am schnellsten wachsenden Unternehmen Amerikas (Toffler/Reingold 2003, 142). Obwohl Andersen zudem mehr als 50 Prozent seiner Umsätze während seiner Tätigkeit für Enron aus Beratertätigkeit bezog, sah Andersens CEO Joseph Berardino hierbei keinerlei Interessenkonflikte. Mit der Unterstützung Andersens gelang es Enron so, mehr als 50 Prozent seiner Vermögenswerte an verschiedene Scheinfirmen zu veräußern.

So etwa übertrug Enron im Dezember 2000 den Unternehmensbereich ‚Papiererzeugung' auf ein neu gegründetes Joint Venture namens *Fishtail*, und veräußerte diese Beteiligung nur knapp eine Woche später erneut an ein eigens dafür gegründetes Unternehmen mit dem Namen *Bacchus*. Der angebliche Verkauf brachte Enron 200 Millionen USD Verkaufserlöse und erlaubte es so, insgesamt einen Jahresgewinn von 112 Millionen in seiner Jahresbilanz auszuweisen (Hearing 2002e, 2ff.). Als die Geschäftsanteile ein halbes Jahr später an ein weiteres Unternehmen namens *Sundance* veräußert werden sollten, verlangte Andersen eine mindestens zwanzigprozentige Beteiligung eines externen Investors, um eine Nicht-Bilanzierung des neuen Unternehmens in der Konzernbilanz zu genehmigen. In diesem Falle fungierte Citigroup als Partner, ließ sich aber vertraglich faktisch einen vollkommenen Haftungsausschluss zusichern. Obwohl Andersen dies wusste, stellte es Enron von der Bilanzierung frei. Letztlich entsprachen die 188 Millionen USD, die Citigroup in die ‚Partnerschaft' mit Enron einbrachte weit eher einem verdeckten Kredit als einer tatsächlichen Einlage (Hearing 2002e, 150-184).

Letztlich waren Andersen, Citigroup, JP Morgan Chase, Merrill Lynch und andere Beratungsfirmen und Banken wissentlich an zahlreichen Geschäften beteiligt, die ausschließlich dazu dienten, die wahre Finanzsituation Enrons zu verschleiern (Hearing 2002e, 7ff.). So wurden über scheinbare Ziel- und Termingeschäfte mit eigens zu diesem Zweck gegründeten Firmen und Joint Ventures Gelder als Einnahmen verbucht, die in Wahrheit Kredite der befreundeten Geschäftsbanken darstellten. Um stetig Cashflow zu generieren wurde Anlagevermögen an ebenfalls nur zu diesem Zweck gegründete Scheinfirmen weiterveräußert. Zudem beteiligte sich Enron nachweislich an Preisspekulationen auf dem Energiemarkt, so insbesondere während der so genannten Kalifornischen Energiekrise von 2001. Allein durch diese Spekulationen wurden die Staaten Kalifornien, Oregon und Washington um mehrere Milliarden USD gebracht (Hearing 2002f: 16ff.).

1.2.3 Ursachenanalyse

Ein sicherlich entscheidender Faktor für das Enron-Desaster war der Versuch des Unternehmens, stetig wachsende Erfolgskennzahlen zu produzieren, um so als Unternehmen für die Kreditrating-Agenturen wie auch für die Aktienanalysten interessant zu bleiben. Dabei war Enron jedoch auf ein hohes Maß an Zustimmung sowohl im eigenen Hause, wie auch bei den externen Partnern des Unternehmens angewiesen. Diese Kollaboration beruhte auf mehreren Säulen:

1. Zum einen hatten die meisten der mit Enron zusammenarbeitenden Firmen direkte materielle Vorteile von der Zusammenarbeit. So etwa verdiente die Prüfungsgesellschaft Arthur Andersen alleine im Jahr 2000 mehr als 52 Millionen USD an Enron (Toffler/Reingold 2003, 210), wobei hier ein Großteil auf die Beratungstätigkeit Andersens entfiel. Auch für die beteiligten Investmentbanken zahlte sich das Geschäft mit Enron aus. So verdiente allein Merrill Lynch durch die Beteiligung an den verschiedenen ‚special purpose entities' Enrons zwischen 1997 und 2001 43 Millionen USD (Hearing 2002d, 164ff. und 192ff.). Offensichtlich waren die meisten der Enron-Direktoren mit diesem Finanzgebaren ihrer Manager einverstanden:

"(...) no one on the Enron Board said that their fiduciary duty required them to blow the whistle and prevent a deceptive picture of Enron's financial situation from being presented to the public. During the 13 interviews, the Board Members told us that they had not been aware of the depth of Enron's problems or the extent of these structured transactions and accounting gimmicks, and most said they had no inkling that Enron was in troubled waters until mid-October 2001" (Hearing 2002c, 4).

2. Zum Zweiten galt Enron als Erfolgsmodell, von dem man lernen konnte, und zu dessen Partnern zu zählen einen nicht unerheblichen Reputationsgewinn für das eigene Unternehmen brachte. So betrachtete Arthur Andersen Enron als ‚Traumklienten':

"Enron was Arthur Andersen's dream client, the model for tomorrow. It was innovative, it was dynamic, it was one of the most successful stocks in the market, and best of all, it had a seemingly unquenchable thirst for both audit and consulting services from the Firm" (Toffler/Reingold 2003, 141).

Auch aus Perspektive der staatlichen Aufsichtsorgane wäre es reichlich unpopulär gewesen, Enron durch Regulierung der Märkte in seinem geschäftlichen Erfolg zu beschneiden. Letztlich profitierten alle von Enron. Dies verhinderte kritische Fragen und die Diskussion um die Geschäftsmethoden des Unternehmens. Allerdings hatte dies auch überzogene Erwartungshaltungen seitens aller Beteiligten zur Folge. Sowohl Kenneth Lay als auch Jeffrey Skilling waren daher trotz interner Probleme stets darum bemüht, dieses Bild der unfehlbaren Unternehmung mit allen Mitteln aufrecht zu erhalten. Letztlich hatte diese Selbstüberschätzung zur Folge, dass Warnungen ignoriert und jene Kritiker, die Zweifel am stetig wachsenden Erfolg Enrons äußerten, entlassen wurden.

"A negative earnings outlook would have been a red flag to investors (…) Trading partners would lose faith in the company (…) In order to avoid such a scenario at all costs, Enron entered into a deceiving web of (…) questionable accounting methods to maintain its investment-grade status" (Sims/Brinkmann 2003, 245).

3. Zudem wusste Enron seine Marktmacht auch gegenüber den eigenen Partnern einzusetzen. So etwa wurde das Bankhaus Merrill Lynch im April von einer Aktienemission ausgeschlossen, weil Enron die Bewertung seiner Aktien durch den Merrill-Analysten John Olsen nicht gefiel (Hearing 2002d, 164ff. und 192ff.). Nach der Entlassung Olsens hielt Merrill Lynchs neuer Analyst Enrons CFO über seine Aktivitäten direkt auf dem Laufenden. In mehreren Fällen wurden dabei die internen Listen der Merrill-Lynch-Analysten für Kaufs- und Verkaufsempfehlungen der Einfachheit halber direkt als Kopie an den Finanzvorstand von Enron weitergeleitet. Zudem waren die meisten der beteiligten Geschäftsbanken ohnehin in hohem Maße an einer positiven Aktienbewertung Enrons interessiert. Solange die jeweiligen Analysten bei eben jenen Geschäftsbanken beschäftigt waren, die in die Geschäfte Enrons verwickelt waren, bestand für sie kein Interesse an einer realistischen Einschätzung der Enron-Aktien. Dies erklärt den

Umstand, warum trotz dramatischer Kursverluste im Oktober und November 2001 keiner der 16 führenden Analysten eine Verkaufsempfehlung für Enron-Aktien aussprach (Hearing 2002b, 5f.).

4. Viele der Enron-Manager hatten darüber hinaus auch ein durchaus privates Interesse am stetigen Steigen des Aktienkurses. Viele von ihnen erhielten regelmäßig Aktienoptionen und Bonuszahlungen im Wert von mehreren Millionen USD. Entsprechend groß war das Einverständnis der Mitarbeiterinnen und Mitarbeiter mit den dubiosen Geschäftspraktiken des Unternehmens, solange dadurch die eigenen Gratifikationen gesichert werden konnten. Ab einem gewissen Zeitpunkt waren sie bereit nahezu alles, innerhalb und außerhalb der rechtlichen Rahmenbestimmungen, zu tun, um stetig steigende Aktienkurse und damit stetig steigendes Einkommen zu generieren:

"(...) Enron's management handed out bonuses like candy at Halloween. Employees were given huge bonuses for closing deals, and many of these deals proved damaging to Enron" (Hearing 2002c, 5).

Dies schuf eine Kultur, die bestimmt war von Neid und Gier. Gefragt waren ‚clevere Lösungen' die einen kontinuierlichen Kursanstieg der Enron-Aktien und damit stetig wachsendes Einkommen und Bonuszahlungen für die beteiligten Manager garantierten.

"Enron's leaders also ignored, then denied serious problems with their business transactions and were more concerned about their personal financial rewards than those of the company" (Sims/Brinkmann 2003, 250)

Die meisten der in den Zusammenbruch des Unternehmens involvierten Akteure ließen sich vom scheinbaren ‚Erfolg' des Unternehmens blenden. Enron galt als Vorzeigeunternehmen einer New Economy und man war schnell bereit, am Erfolg dieses Unternehmens mitzuarbeiten. Weder die an den ‚structured-finance-transactions' mitwirkenden Banken, noch die staatlichen und nicht-staatlichen Aufsichtsorgane, noch die vom Aktienboom partizipierende Öffentlichkeit hatten ein Interesse an einer Begrenzung des bis hierhin erfolgreichen Geschäftsgebarens der Firma Enron.

1.3 Der Fall Parmalat

1.3.1 Parmalats Aufstieg und Fall

Bis zu den dramatischen Kursverlusten Parmalats im Herbst 2003 stellte das auf den Vertrieb von Lebensmittel spezialisierte Unternehmen die achtgrößte Industriegruppe Italiens dar. Der bei den Anlegern und den Kreditgebern entstandene Schaden des Parmalat-Bankrotts wird auf nahezu 15 Milliarden Euro geschätzt, mehr als ein Prozent des italienischen Bruttoinlandsprodukts (dpa-AFX 03.04.2005; dpa-AFX 27.06.2005).

Mitte der 1960er Jahre begann Calisto Tanzi mit dem Verkauf ultrahocherhitzter Milch in Tetrapacks. Die haltbare Milch begann sich durchzusetzen und Tanzi gründete 1968 das Unternehmen Parmalat, das er Mitte der 1970er Jahre an die Börse brachte. Mit Beginn der 1980er Jahre begann Calisto Tanzi das Sortiment der Parmalat-Gruppe sukzessive zu erweitern und an der weltweiten Expansion des Konzerns zu arbeiten. Ende der 1990er Jahre war der Konzern zum größten internationalen Konzern für Milch und Molkereiprodukte aufgestiegen. Daneben unterhielt Parmalat eine eigene Offshore Bank auf den Cayman Islands und vertrieb Fertignahrungsmittel ebenso wie Mineralwasser und Fruchtsäfte (Fritz 2004, 30ff.). Mit 7,6 Milliarden Euro Jahresumsatz im Jahre 2002 hatte sich Parmalat auf Platz vier der Lebensmittelkonzerne emporgearbeitet (Horvath 2004).

Die aggressive Übernahmepolitik Tanzis und die stetige Marktausweitung brachten das Unternehmen jedoch zunehmend in finanzielle Schwierigkeiten. Dennoch sah sich Tanzi als Industriellen im Stile Barillas oder Ferreros. Er trat als Wohltäter der Stadt auf und führte den Provinz-Fußballclub AC Parma 1993 zum Europapokal. Seinen Kindern Stefano und Francesca spendierte Vater Calisto eigene Unternehmen: Während Stefano Präsident des maroden Fußballclubs AC Parma wurde, den der Vater mit Millionensubventionen für ihn aus der Misere führte, übernahm Francesca die für sie gegründete Reiseunternehmung Parmatour. Insgesamt kosteten den Vater die kostspieligen Unternehmen seiner Kinder schätzungsweise 900 Millionen Euro (Fritz 2004, 39). Doch trotz väterlicher Finanzspritzen wies Parmatours beim Zusammenbruch der Firmengruppe ein Bilanzdefizit von 2 Milliarden Euro aus.

Nachdem die Bank of America am 19. Dezember 2003 ein gefälschtes Konto der Parmalattochter Bonlat auf den Cayman Islands in Höhe von vier Milliarden Euro aufgedeckt hatte (dpa 20.12.2003), wurde Calisto Tanzi aufgefordert, sich bei der Mailänder Staatsanwaltschaft zu melden. Nachdem er diesem Ansuchen nicht Folge leistete, wurde er am 27. Dezember auf offener Straße verhaftet. Tanzi nutzte diese Zeit, um belastendes Material bei Seite zu schaffen und Akten und Computer vernichten zu lassen (Fritz 2004, 44).

1.3.2 Bilanzfälschung im großen Stil

Obwohl Calisto Tanzi wohl selbst die größte Schuld am Zusammenbruch des Parmalat-Konzerns trifft, wären die Bilanzfälschungen in dem Umfang, wie es die Ermittlungen zu Tage förderten, nicht ohne Mithilfe zahlreicher Manager und das mindestens stillschweigende Einverständnis der Banken und Prüfungsgesellschaften möglich gewesen. So etwa gründete der mit Tanzi befreundete Anwalt Gian Paolo Zini einen dubiosen Anlagefonds namens Epicurum, mit dessen Hilfe Gelder in das Steuerparadies auf den Cayman Islands verschoben wurden (Fritz 2004, 58). Ebenso war Citigroup maßgeblich an der Gestaltung eines Finanzvehikels namens Buco Nero (schwarzes Loch) beteiligt, mit dessen Hilfe Schulden vertuscht werden sollten (Fritz 2004, 54; Berni/Maisch 2004).

In ihrem vorläufigen Abschlussbericht kamen PricewaterhouseCoopers zu dem Schluss, dass entgegen der von Parmalat vorgelegten Bilanzen der tatsächliche Bestand an liquiden Mitteln zum 30.09.2003 faktisch bei Null lag. Guthaben von mehr als fünf Milliarden Euro wurden anhand gefälschter Bankdokumente ausgewiesen, „(...) die mit Hilfe von Kopiermaschinen auf primitive Art und Weise gefälscht worden waren (...) Im Vergleich zu den hochkomplizierten und kaum überschaubaren Bilanz-Manipulationen von Enron lagen die Parmalat-Manipulationen geradezu auf Schülerniveau" (Fritz 2004, 61). Wie es scheint wurden von den Prüfungsgesellschaften – alle voran Grant Thornton – weder diese an Collagen erinnernden Dokumente Parmalats angezweifelt, noch offensichtliche Unmöglichkeiten zur Kenntnis genommen. So etwa lieferte die Parmalat-Tochter Bonlat angeblich für 359 Millionen Euro Trockenmilch nach Kuba, was einem Durchschnittsverbrauch von ca. 210 Litern Milch pro Jahr und Einwohner bedeutet hätte (Fritz 2004, 62). Die Prüfungsgesellschaft Deloitte & Touche verhielt sich mindestens fahrlässig bei der Prüfung der Bilanzen. So etwa wurden Bedenken seitens eines brasilianischen Prüfers hinsichtlich der Bilanzen der Parmalat-Tochter Bonlat an die italienischen Prüfer nicht weitergegeben. Des Weiteren wurde versucht, einen brasilianischen Prüfungspartner aufgrund anhaltender Kritik an den Geschäftspraktiken Parmalats von seinen Aufgaben zu entbinden. (Fritz 2004, 90f.). Günter Fritz kommt zu dem Schluss:

„Obwohl einzelnen Wirtschaftsprüfern schon Jahre vor der Pleite aufgefallen war, dass bei Parmalat nicht alles mit rechten Dingen zugehen konnte, geschah nichts. Im Gegenteil, da nähere Untersuchungen verdrängt bzw. sogar unterbunden wurden, muss den involvierten Prüfern wohl eine wesentliche Mitschuld daran gegeben werden, welche Dimension die Pleite letztlich genommen hatte" (Fritz 2004, 92).

Trotz aller Ungereimtheiten wurden Parmalat-Aktien bis kurz vor dem Bankrott des Konzens von den meisten Banken zum Kauf empfohlen. So wurden italienischen Anlegern noch am 3. Dezember 2003 Parmalat-Obligationen empfohlen, die nur wenige Tage später wertlos waren (Fritz 2004, 121). Während es der Familie Tanzi jedoch gelang, die eigenen Aktienpakete durch einen eigens zu diesem Zweck von der Deutschen Bank aufgelegten ‚Collar' abzusichern, blieben die meisten Anleger auf dem Kursverfall von 2,68 Euro zu Beginn November auf 0,11 Euro am 21. Dezember sitzen, als der Handel mit Parmalat-Aktien am 22. Dezember 2003 ausgesetzt wurde. Entsprechend verklagten vor allem amerikanische Pensionsfonds und betrogene Anleger nicht nur Parmalat sondern auch die Prüfungsgesellschaften sowie Citigroup auf Schadenersatz, da sie den Wert des Konzerns in betrügerischer Absicht um 3,9 Milliarden Euro überbewertet hätten (Fritz 2004, 115). Insgesamt sind von der Parmalat-Pleite mehr als 100.000 Anleger betroffen, von denen bisher 25.000 Klage bei der italienischen Staatsanwaltschaft eingereicht haben (Fritz 2004, 120f.).

Um die defizitären Bilanzen zu schönen, wurden, ähnlich wie auch im Fall Enron, Unternehmensteile an Strohmänner veräußert. Die so entstandenen ‚Gewinne' dienten als Liquiditätsnachweis gegenüber den Banken, um so weitere Kredite aufnehmen zu können (Fritz 2004, 62).

Ziel der genannten Manipulationen war es, mit Hilfe fingierter Zahlungseingänge, fiktiver Lieferverträge und falscher Rechnungen ein positives Jahresergebnis vorzutäuschen, das der angeblich beständig wachsenden Unternehmung weitere Kredite sicherte. Um diesen Anschein auch nach außen aufrecht zu erhalten zahlte Parmalat in den letzten 15 Jahren seines Bestehens etwa 2 Milliarden Euro an Dividende, wobei etwa die Hälfte mittelbar an die Familie des Firmengründers floss. Finanziert wurde das Parmalat-Wunder dabei letztlich durch Schuldverschreibungen, die sich beim Zusammenbruch des Konzerns auf eine Gesamtsumme von 7,2 Milliarden Euro beliefen (Fritz 2004, 63f.).

1.3.3 Ursachenanalyse

Auch im Falle Parmalats waren es mehrere Ursachen, die letztlich die Weichen für den Zusammenbruch des Konzerns stellten:

1. Calisto Tanzi umgab sich gezielt mit Mitarbeitern, die seinen Forderungen entsprachen. Wer sich seinen Befehlen innerhalb des Unternehmens nicht unterordnete, wurde entlassen (Fritz 2004, 51). Tanzi führte Parmalat autoritär und patriarchalisch; den engsten Kreis seiner Mitarbeiterinnen und Mitarbeiter wählt er aus der eigenen Familie bzw. aus dem Freundeskreis seiner direkten Umgebung (Berni/Maisch 2004). Gezielt übte Tanzi Druck auf staatliche und nicht-staatliche Kontrollorgane aus. So etwa drohte er der italienischen Börsenaufsicht mit einer Schadensersatzklage, als diese erstmals Verdachtsmomente bezüglich der möglichen Bilanzfälschung im Parmalat-Konzern äußerte (Fritz 2004, 51). Zugleich aber zeigte er sich als großzügiger Förderer zahlreicher regionaler und nationaler Politiker, erwartete aber im Gegenzug ebenfalls ‚Gefälligkeiten'. Neben zahlreichen Parteispenden stellte Tanzi beispielsweise die Hubschrauber und Flugzeuge seiner Firmenflotte zahlreichen Vertretern aus Kirche und Politik unentgeltlich zur Verfügung (Fritz 2004, 73f.; Horvath 2004). Zu den Begünstigten zählten dabei unter anderem EU-Kommissionspräsident Romano Prodi oder der italienische Ministerpräsident Silvio Berlusconi (Fritz 2004, 54 und 75). Im Laufe der Zeit gelang es Calisto Tanzi so, ein Netz familiärer Beziehungen zu zahlreichen Politikern und Bankiers aufzubauen.

2. Das ‚System Tanzi' begann sich zunehmend in routinierteren Bahnen zu bewegen. So wurden nach Auskunft des ehemaligen Finanzchefs Fausto Tonna viermal im Jahr falsche Dokumente zusammengestellt, die die wahre Bilanzsituation bei Parmalat verschleiern sollten. Wie sein Nachfolger Luciano Del Soldato zu Protokoll gab, zählte hierzu auch das Einscannen eines ‚Bank of America'-Logos, mit dessen Hilfe Kontoauszüge gefälscht wurden. Der hierfür verwendete Computer wurde auf Anordnung Del Soldatos mit einem Hammer zerstört (Fritz 2004, 53). Für die zum Parmalat-Konzern gehörende Firma Bonlat existierte nach Angaben des ehemaligen Buchhalters Gianfranco Bocchi zur Durchführung derartiger Fälschungen ein eigenes ‚Handbuch'. Zu den Standardoptionen zählten: Der Verkauf von Milchpulver nach Kuba, Geldmarktgeschäfte gemeinsam mit dem Epicurum Fonds, Abtretung fiktiver Unternehmensforderungen, Wertpapiergeschäfte, Skontoverträge usw. So etwa wurden Preisnachlässe in Höhe von 12,2 Millionen Euro pro Jahr des schwedischen Verpackungsherstellers Tetra Pak direkt auf den Privatkonten Calisto Tanzis gutgeschrieben (Fritz 2004, 55 und 65). Bocchi führte eine eigene Datenbank mit ‚Musterverträgen' für die zu fälschenden Dokumente. Die entsprechenden Unterschriften wurden von Fausto Tonna oder Luciano Del Soldato eingesetzt (Fritz 2004, 68). Auch bei seinen Fälschungsaktionen nutzte Calisto Tanzi seine Beziehungen: So arbeitete einer seiner Finanzvorstände, Alberto Ferraris, bis zu seinem Eintritt bei Parmalat für Citigroup. Auch Luca Sala, ehemals Angestellter der Bank of Amerika, arbeitete seit März 2003 für Parmalat (Schönau 2004, 3). Umgekehrt war Massimo Armanini, einer der wichtigsten Investmentbanker der Deutschen Bank in Italien, vor seiner Tätigkeit für die Deutsche Bank drei Jahre lang für das Nordamerikageschäft Parmalats zuständig (Berni/Maisch 2004).

3. Viele der undurchsichtigen Finanztransaktionen Parmalats wurden von Strohmännern durchgeführt. So etwa diente der Sekretär Fausto Tonnas, Angelo Ugolotti, ohne dessen Wissen als Vorsitzender des Aufsichtsrates in mehr als 25 Tochterfirmen des zuletzt aus 137 Filialen bestehenden Parmalat-Konzerns. Naiv, wie Ugolotti offensichtlich war, forderte er nach der Enthüllung seiner Scheintätigkeit durch die Staatsanwaltschaft eine nachträgliche Bezahlung für seine ‚Aufsichts-

ratstätigkeit' (Vasini 2004, 1). Dabei setzte Calisto Tanzi bei der Besetzung der Schlüsselstellen seines verschachtelten Imperiums erneut auf persönliche Vertraute. Bei der Analyse der Aufsichtsgremien von Parmalat Finanziaria, einer der zentralen Gesellschaften innerhalb der Konzernstruktur, kommt Andrea Melis denn auch zu dem Schluss:

"Therefore, it may be argued that none of the members of the internal control committee could have actually been considered as independent" (Meli 2005, 486).

4. Erstaunlicherweise schienen insbesondere die Banken wider besseres Wissen stets darum bemüht, trotz aller Unsicherheiten neues Geld in den Konzern zu pumpen (Berni/Maisch 2004). Hauptbeteiligte waren hier Citigroup, JP Morgan, Merill Lynch und Morgan Stanley. Noch im September 2003, kurz vor dem Zusammenbruch des Konzerns, legte die Deutsche Bank eine Anleihe über 350 Millionen Euro für Parmalat auf, die von allen Rating-Agenturen als vergleichsweise sicher eingestuft wurde. Trotz der Erfahrungen aus dem Enron-Skandal scheint sich hinsichtlich der Wahrnehmung ihrer Sorgfaltspflichten bei den Banken wenig geändert zu haben. Die mit Hilfe der Banken insgesamt ausgegebenen Anleihen im Wert von mehr als 7 Milliarden Euro haben mit dem Zusammenbruch des Unternehmens 80% an Wert verloren (Fritz 2004, 83).

Ähnlich wie auch im Falle Enron ließen sich alle Beteiligten durch den scheinbaren kometenhaften Aufstieg Parmalats blenden. Spätestens seit Mitte der 1990er Jahre haftete Parmalat die Aura des Erfolges an. Kritische Fragen wurden zunehmend weniger gestellt, Kredite großzügig gewährt. Das Unternehmen galt als solide und solvent. Jeder war daran interessiert, mit Parmalat Geschäfte zu machen und am Erfolg der Familie Tanzi teilzuhaben. Dass es hier nicht immer mit rechten Dingen zuging, störte solange nicht, als die eigene Kasse stimmte.

2. Common Patterns

Vergleicht man die Unternehmenskultur der drei Skandalunternehmen, lassen sich gemeinsame Grundmuster feststellen. Bezeichnend für das moralische Fehlverhalten waren in allen drei Fällen: (1) Eine starke Orientierung auf die Erfüllung kurzfristiger Kennzahlen, (2) ein aggressiver und konkurrenzbetonter Führungsstil, (3) mangelnde moralische Reflexion des eigenen Handelns, (4) falsche Anreizsysteme bei der Mitarbeiterführung, (5) mangelnde Sanktionen bei nachgewiesenen Verstößen und eine (6) mangelnde Bereitschaft zur persönlichen Verantwortungsübernahme durch das Top-Management.

1. *Orientierung auf die Erfüllung kurzfristiger Kennzahlen:* Trotz unterschiedlicher Zielsetzungen und Motive lässt sich in allen drei untersuchten Unternehmen eine Orientierung an kurzfristigen Kennzahlen feststellen. Während dies im Falle Salomons letztlich einer Situation des internen Wettbewerbs geschuldet war, standen für Enron und Parmalat die stetige Generierung von Cashflow im Vordergrund, um so mit den jeweiligen Quartalsberichten den Erwartungen der Banken und Kreditrating-Agenturen zu entsprechen. In allen genannten Fällen waren weder die direkten Dienstvorgesetzten noch die jeweilige Konzernspitze daran interessiert wie sondern nur ob die jeweils vorgegebenen Ziele erreicht wurden. Dabei unterstützte man vor allem ‚kreative Lösungen' die entsprechend großzügig prämiert wurden (Sims/Brinkmann 2002, 333f.; Sims/Brinkmann 2003, 250f.; Fritz 2004, 55). Dies führte bei den Mitarbeitern dazu, dass sie letztlich ‚ihre Zahlen' erreichten, dabei aber nicht mehr nach den Mitteln der Zielerreichung fragten. Moralische Bedenken wurden so sukzessive verdrängt. Bei allen drei Unternehmen gewinnt man den Eindruck, dass die Entwicklung jener Strategien, die der Umgehung bestimmter, bis dahin als verbindlich erachteter Regelungen und Reglementierungen dienten, um so die ‚erwünschten' Zahlen – reale oder fiktive – zu generieren, von den Mitabeitern zunehmend als Sport betrachtet wurde. So etwa zeigten Enron-Mitarbeiter ein Höchstmaß an Kreativität bei der Namensgebung ihrer Scheinfirmen. Das Spektrum reicht von den Helden diverser Filmepen (Sundance) über Weinsorten (Bacchus) bis hin zu eigenen Wortschöpfungen (Fishtail). Auch der Kreativität der Par-

malat-Mitarbeiter beim Hervorzaubern fiktiver Geschäfte schien offenbar keine Grenze gesetzt. So wurden fiktive Nutzungsrechte an Patenten an nichtexistente Firmen verkauft, Marken zu überhöhten Preisen an Strohmänner veräußert usw. (Fritz 2004, 62; Schönau 2004, 2). Angesichts der hier vorliegenden Fälschungen und Verschleierungen nimmt sich Mozers Versuch, gleichzeitig fingierte Gebote für mehrere Firmen bei den Versteigerungen der Federal Reserve Bank einzureichen, vergleichsweise fantasielos aus.

2. *Aggressiver und konkurrenzbetonter Führungsstil:* Sowohl Gutfreund als auch Skilling und Lay und Tanzi schufen ein Klima aggressiven internen Wettbewerbs. Wer innerhalb der Unternehmen erfolgreich war, wurde mit exorbitanten Bonuszahlungen belohnt. So verdienten die 139 Direktoren bei Salomon zwar lediglich bis zu 150.000 USD im Jahr, konnte aber bis zu 1 Million USD jährlich an Erfolgsprämien kassieren. Die Höhe der Bonuszahlungen hing dabei weniger von objektiven Kriterien als vielmehr von der subjektiven Einschätzung John Gutfreunds ab (Freedman/Mickens 1993, 13; Sims/Brinkmann 2002, 334). James Sterngold beschreibt Gutfreund in einem New York Times Artikel als ein "(…) supremely self-confident, intellectual, ferociously competitive individual who was a throwback to the days of Wall Street when partnerships reigned and the personality of one man could dominate a firm" (Freedman/Mickens 1993, 4). Wenig einsichtig zeigte sich Gutfreund auch hinsichtlich der Vorgänge um Paul Mozer. Als er auf seiner letzten Pressekonferenz, in der er sein Ausscheiden aus Salomon Brothers ankündigte, gefragt wurde, ob er die Vorkommnisse im Hause Salomon bedauere, antwortete er: "Apologies are bullshit!" (Freedman/Mickens 1993, 3). Ähnlich selbstsicher trat Enrons CEO Jeffrey Skilling der Öffentlichkeit gegenüber. In einem Interview bemerkte er: "I've never not been successful in business or work, ever" (Zellner 2001, 3). Nach Zellner war die Unternehmenskultur Enrons gekennzeichnet durch harten internen Wettbewerb und die stetige Suche nach ‚innovative Lösungen'. Dabei setzte Enron auf ambitionierte, trickreiche und aggressive Manager und zahlte ihnen außerordentliche Gratifikationen (Zellner 2001, 1ff.; Sims/Brinkmann 2003, 251). Auch Calisto Tanzi förderte den ‚internen Wettbewerb' zwischen seinen Mitarbeitern auf seine Weise. Nach

außen streng, aber stets Ehrenmann, großzügiger Mäzen und engagierter Katholik pflegte er intern einen autokratischen und selbstherrlichen Führungsstil.

„(...) Tanzi verhielt sich nicht nur in der Öffentlichkeit und im Privatleben wie ein absoluter Herrscher, sondern auch im Unternehmen: Wer sich nicht unterordnete, dessen Karriere war vorbei" (Fritz 2004, 51).

Entsprechend schuf oder beendete Tanzi Karrieren im Hause Parmalat nach eigenem Gutdünken. Nur diejenigen, die den Erwartungen des „Padrones" entsprachen und sein aggressives Vorgehen unterstützten, hatten im Konzern auf Dauer Aussicht auf Erfolg (Berni/Maisch 2004).

3. *Mangelnde moralische Reflexion:* In allen drei Unternehmen wurden Kritiker zum Schweigen gebracht; gefordert wurde eine strikte Unterordnung. Im Vordergrund des Umgangs mit den Mitarbeitern stand eine Politik des ‚do ut des'. Die moralische Dimension des eigenen Handelns wurde in aller Regel nicht hinterfragt. Bezeichnend für diese Haltung im Hause Salomon Brothers war beispielsweise das selbstherrliche Vorgehen der Hypothekenabteilung unter Lewis Ranieri. „Ranieris Raiders" (Mayer 1995, 167f.), wie sich die Gruppe selbst bezeichnete, gehörten Mitte der 1980er Jahre zu den erfolgreichsten Mitarbeitern Salomons (Lewis 1999, 128). Da sie ihre Leistung bei Salomon jedoch monetär nicht entsprechend gewürdigt sahen, fühlten sie sich letztendlich unterbezahlt (Lewis 1999, 107f.) und nahmen sich, wovon sie glaubten, dass es ihnen zustünde: Ranieris Mitarbeiter überließen ihren Freunden firmeneigene Telefonkarten, verliehen Salomons Dienstwagen an Freundinnen für gemütliche Einkaufstouren und taten alles, um sich am eigenen Spesenkonto schadlos zu halten. Die Moral dieses Verhaltens wurde nicht in Frage gestellt. Im Gegenteil: Ranieri unterstützte dieses Vorgehen. (Freedman/Mickens 1993, 15). Michael Lewis kommentiert dieses Verhalten:

"It was not that he lacked values, but he had a keen sense, that at times the ends justified the means and an equally keen sense of his own interests" (Lewis 1999, 107).

Im Falle Enrons gestattete das Board of Directors dem ehemaligen Finanzvorstand des Unternehmens, Andrew Fastow, nachweislich in mindestens vier Fällen Ausnahmen zu den gültigen Ethikleitlinien des Unternehmens, um diesem Kettengeschäfte mit einzelnen ‚spezial purpose entities' zu ermöglichen. So etwa beschloss der Enron-Vorstand im Juni 1999 die Kooperation mit der Scheinfirma LJM, die von Fastow betrieben wurde. Zu diesem Zwecke hob der Vorstand die einschlägigen Bestimmungen hinsichtlich möglicher Interessenkollisionen zu Gunsten von Andrew Fastow auf. In den folgenden 16 Monaten erhielt dieser drei weitere Ausnahmen von den Unternehmensleitlinien durch den Vorstand zugesprochen (Hearing 2002c, 4). Für seine Dienste erhielt Fastow alleine aus seiner LJM-Partnerschaft 30 Millionen USD. Dieses Verhalten entgegen den offiziellen moralischen Standards des Unternehmens wirkte sich auch auf die Unternehmenskultur aus und war ein deutliches Signal für alle übrigen Mitarbeiterinnen und Mitarbeiter:

"Enron employees with a self-image of being the best and the brightest and being extremely clever do not make business deals that fail. Therefore booking earnings before they are realized were rather 'early' than wrong. The culture at Enron was quickly eroding the ethical boundaries of its employees" (Sims/Brinkmann 2003, 245).

Auch bei Parmalat wurde das eigene Verhalten im Wesentlichen nicht reflektiert. So etwa beschränkten sich Fausto Tonnas moralische Überlegungen in der Hauptsache darauf, ob die der Öffentlichkeit von Parmalat aufgetischten Lügen und Fälschungen von dieser noch geglaubt würden oder nicht. So soll er angesichts der immensen fiktiven Milchpulverlieferungen nach Kuba wohl eher im Scherz geäußert haben:

„Übertreiben wir nicht mit diesem Milchpulver, die werden davon bis über beide Ohren haben" (Fritz 2004, 67).

Insgesamt arbeitete das ‚System Tanzi' jedoch subtiler. Calisto Tanzi war nach außen stets bemüht, als Ehrenmann aufzutreten. Er galt als Wohltäter Parmas, investierte in Sport und den Erhalt der Kunstdenkmäler und kümmerte sich nahezu rührend um die Familien seiner Angestellten (Fritz 2004, 33f. und 38). Für seine Verdienste wurde er mit der Ehrendoktorwürde der Universität Parma ausgezeichnet, „(...) für seine ‚klaren Visionen' und ‚ethischen Grundsätze'" (Horvath 2004). Als entsprechend unvorstellbar galt es, dass Tanzi in Bilanzfälschungen im großen Stil, Korruption und Veruntreuungen verwickelt sein könnte. Letztlich waren alle Mitarbeiterinnen und Mitarbeiter Tanzis davon überzeugt, das Richtige zu tun. Zweifel an den Praktiken im Hause Tanzi rangierten, wenn überhaupt vorhanden, letztlich hinter der Loyalitätspflicht gegenüber dem ‚Padrone'.

4. *Falsche Anreizsysteme:* Konformisten wurden in all diesen Systemen belohnt. Einzigen Anreiz für Engagement und Leistung stellten in den genannten Firmen die Gratifikationen und Bonuszahlungen dar. Wie Falkenberg und Herremans betonen, erweist sich dabei eine Unternehmenskultur, die in hohem Maße Wert auf monetäre Erfolgsgrößen, sowohl bei der Beurteilung des Mitarbeitererfolges als auch bei der Honorierung der Mitarbeiterleistung legt, als besonders anfällig für moralisches Fehlverhalten der Mitarbeiterinnen und Mitarbeiter (Falkenberg/Herremans 1995, 135). Entscheidend für das Verhalten der Mitarbeiter Salomons war, dass ihnen nach der Umwandlung der Rechtsform letztlich jede Bindung zum Unternehmen fehlte. Wie Michael Lewis ausführt, beschränkte sich die Verbundenheit insbesondere der jungen Mitarbeiterinnen und Mitarbeiter in erster Linie auf die Gehalts- und Prämienzahlungen. Jedes darüber hinausgehende Gefühl von Loyalität und Verpflichtung gegenüber dem Unternehmen war ihnen fremd (Lewis 1999, 43). So verließen denn auch etwa 75 Prozent der Mitte der 1980er Jahre bei Salomon neu eingestellten Mitarbeiter binnen drei Jahren das Unternehmen, um lukrativere Angebote anzunehmen. Vergleichsweise dazu blieben in früheren Jahren im gleichen Zeitraum etwa 85 Prozent aller neuen Mitarbeiter bei Salomon, in der Hoffnung, sich im Laufe der Jahre zum Partner emporzuarbeiten. Die strikte Orientierung der neuen Mitarbeiter ausschließlich am Einkommen ging schließlich so weit, dass John Gutfreund selbst dieses Verhalten öffentlich in einem Artikel der *Business Week* kritisierte und von der „Gier der jüngeren Generation" sprach (Lewis 1999, 150). Ebenfalls berüchtigt war die Gier der Enron-Manager nach Provisionen und Zusatzgratifikationen. So etwa zahlte das

Unternehmen den Verantwortlichen für ein Kraftwerksprojekt in Indien einen Bonus in Höhe von 50 Millionen USD, obwohl das Projekt zu einem Verlustgeschäft geriet. Ebenso wurde ein Bereichsmanager bei seiner Entlassung mit einer Bonuszahlung in Höhe von 250 Millionen USD abgefunden (Hearing 2002c, 5). So kommt Senator Carl Lewin, Vorsitzender des Untersuchungsausschusses im Falle Enron, denn auch zu dem wenig schmeichelhaften Ergebnis:

"(...) decisions to engage in these accounting gimmicks and deceptive transactions were fueled by the very much human but unadmirable emotions of greed and arrogance" (Hearing, 2002c, 2).

Das von Calisto Tanzi etablierte Anreizsystem arbeitet auch hier vergleichsweise subtiler. Tanzi schuf in klassisch paternalistischer Manier ein System freundlicher Beziehungen, nach außen und nach innen. Er war Gönner und Wohltäter und unterstützte diejenigen, die ihm wohlgesonnen waren oder auf deren Gefälligkeiten er selbst hoffte. Als Tanzi beispielsweise ein völlig unproduktives Unternehmen namens Margherita Yoghurt für 2 Millionen Euro aufkaufte, unter dessen Eignern sich Familienangehörige Francesco Cossigas befanden, tat er dies nach eigenen Angaben, um dem ehemaligen Staatspräsidenten „einen Gefallen" zu tun (Fritz 2004, 77). Um sein System aus ‚kleinen Gefälligkeiten' funktionsfähig zu halten, soll Calisto Tanzi so jährlich 3 Millionen Euro in Spenden investiert haben (Horvath 2004). Intern beteiligte Tanzi seine bevorzugten Mitarbeiter offensichtlich ebenfalls an der ihm eigenen Art der Selbstbereicherung. So wurden auf den Privatkonten der Parmalat-Top-Manager durch die Staatsanwalt mehrere Millionen Euro sichergestellt, bei denen es sich um veruntreute Firmengelder handeln soll (Fritz 2004, 60). Insgesamt seien etwa 2,3 Milliarden Euro an „konzernnahe Personen oder Unternehmen geflossen" (manager-magazin.de 23.07.2004).

5. *Nicht Einschreiten bei Verstößen:* Der wohl gravierendste Faktor für moralisches Fehlverhalten der Mitarbeiterinnen und Mitarbeiter scheint die Duldung oder die aktive Beförderung dieses Verhaltens durch die direkten Vorgesetzten bis hin zur Konzernspitze der jeweiligen Unternehmen gewesen zu sein. So muss im Falle Salomons mindestens von einem stillschweigenden Einverständnis der Unterneh-

mensleitung mit dem Verhalten Mozers ausgegangen werden. Weder wurde dieses Verhalten gerügt, noch wurden Maßnahmen ergriffen, um weiterem Fehlverhalten vergleichbarer Art vorzubeugen (Sims/ Brinkmann 2002, 334; Mayer 1995, 15 und 232ff.). Auch das oben erwähnte Verhalten der Mitarbeiter Ranieris musste zweifelsohne bemerkt worden sein. So stiegen die Spesenabrechnungen Salomons alleine im Jahr 1986 um 40 Prozent, ohne dass dies Konsequenzen nach sich gezogen hätte (Freedman/Mickens 1993, 15). Diese und andere Fälle lassen mindestens auf eine gewisse Laxheit im Umgang mit moralisch bedenklichen Verhaltensweisen der Mitarbeiterinnen und Mitarbeiter bei Salomon Brothers schließen. Ähnlich ignorant verhielt sich die Konzernspitze Enrons gegenüber moralischen Verstößen. Wie das Beispiel Andrew Fastows zeigt, wurde das explizite Zuwiderhandeln gegen den Verhaltenskodex der Firma seitens des Direktoriums in diesem Falle sogar noch aktiv befördert. Moralische Bedenken einiger weniger Mitarbeiterinnen und Mitarbeiter wurden bestenfalls ignoriert, schlimmstenfalls zum Schweigen gebracht. So ignorierte der Enron-Vorstand beispielsweise mehrere Hinweise auf fragwürdige Geschäftspraktiken, sei es von unternehmensinterner Seite, wie etwa das Memorandum von Sherron Watkins (Hearing 2002a, 41ff.), oder von unternehmensexterner Seite, wie ein Bericht der Off Wall Street Consulting Group vom 6. Mai 2001 (Hearing 2002b, 3). Auch im Falle Parmalat muss von einer Mitwisserschaft bzw. von einer aktiven Unterstützung der illegalen Praktiken durch die Konzernspitze ausgegangen werden, wenngleich Calisto Tanzi mehrfach betonte, von den Aktivitäten seiner Angestellten nichts gewusst zu haben. Sowohl die Anweisungen zur Fälschung der Konzernbilanzen wie zum Fälschen von Dokumenten und zur Zerstörung von Beweismaterial kamen hier direkt aus dem Firmenvorstand. Vielmehr stellt sich hier die Frage, wie viel die einzelnen Angestellten tatsächlich von den Machenschaften ihrer Vorgesetzten wussten, wie der Fall Ugolottis deutlich vor Augen führt. Allerdings kann mindestens einigen der Angestellten nicht entgangen sein, dass Dokumente gefälscht und fiktive Zahlungen gebucht wurden. Offen bleibt, warum keiner der Mitarbeiterinnen und Mitarbeiter hierauf reagiert hat.

6. *Mangelnde Bereitschaft zur persönlichen Verantwortungsübernahme:* Die persönliche moralische Verantwortungsübername durch die jeweiligen Vorgesetzten und Führungskräfte innerhalb eines Unternehmens stellt einen zentralen Faktor für die Glaubwürdigkeit einer Unternehmensmoral dar. So etwa betonen Carlson und Perrewe:

"(…) the ethical leader must take personal, ethical responsibility for his/ her actions and decision making. Leaders who exhibit high ethical standards become role models for others in the organization and raise its overall level of ethical behavior" (Carlson/Perrewe 1995, 831).

In allen drei genannten Unternehmen lässt sich jedoch demgegenüber ein nahezu vollständiges Fehlen persönlicher Verantwortungsübernahme seitens der Vorgesetzten feststellen. Als die Vorfälle um die Mai-Auktion der Federal Reserve Bank und die Rolle Salomons offenkundig wurden, bemühte sich John Gutfreund die Vorfälle zunächst herunterzuspielen und wesentliche Fakten seiner Mitwisserschaft zu vertuschen (Mayer 1995, 245ff.). John Meriwether seinerseits versuchte sich im Alleingang von den Vorwürfen der Börsenaufsicht, er habe um das Fehlverhalten Paul Mozers gewusst, wäre aber nicht eingeschritten, reinzuwaschen, indem er behauptete, er wäre seinen Verpflichtungen durch die Anzeige von Mozers Fehlverhalten im Vorstand nachgekommen (Mayer 1995, 250). Letztlich wollte im Hause Salomon niemand die Verantwortung übernehmen; in einer offiziellen Verlautbarung gegenüber dem Untersuchungsausschuss hieß es lapidar, dass man von den Vorfällen wohl gewusst, ihnen aber keinerlei besondere Beachtung geschenkt habe (Mayer 1999, 249). Ähnlich gestaltete sich auch das ‚Schwarze-Peter-Spiel' im Falle Enrons. Bis zuletzt bemühten sich die Verantwortlichen die wahre Situation selbst den eigenen Mitarbeiterinnen und Mitabeitern gegenüber zu verschleiern (Brinkmann/Sims 2003, 248). Nach dem überraschenden Rücktritt von Jeffrey Skilling aus ‚persönlichen Gründen' beeilte sich Kenneth Lay zu versichern, dass das Unternehmen in bester Verfassung sei:

"There are absolutely no problems that had anything to do with Jeff's departure (…) There are no accounting issues, no trading issues, no reserve issues, no previously unknown problem issues (...) There is no other shoe to fall" (McNamee 2002, 1).

Letztlich wollte auch hier niemand von dem Desaster gewusst haben, geschweige denn für die Vorfälle verantwortlich zeichnen. Noch vor dem Untersuchungsausschuss beteuerte etwa Jeffrey Skilling, dass er weder von den kniffligen Bilanzierungsfinessen bei Enron gewusst habe, geschweige denn diese verstanden hätte (Sims/Brinkmann 2003, 248). Nicht anders steht es um die Bereitschaft zu persönlicher Verantwortungsübernahme bei Parmalat. Entgegen der Aussage seines früheren Finanzchefs, Fausto Tonna, der behauptet, Calisto Tanzi sei über die Vorgehensweisen bei Parmalat jederzeit in vollem Umfang informiert gewesen (Berni/ Maisch 2004), bestreitet dieser, von den Vorkommnissen gewusst zu haben (dpa 30.12.2003). Während Stefano Tanzi, seit 1997 Mitglied im Verwaltungsrat des Milchkonzerns, zu den Vorwürfen schweigt, beteuert auch Francesca Tanzi, deren Reiseunternehmen Parmatour mitverantwortlich für die Konzernpleite zeichnet, von allem nichts gewusst zu haben (Berni 2004). Die gleiche Vergesslichkeit zieht sich offensichtlich auch durch die gesamte Führungsetage. So wird der mitangeklagte Top-Manager Luca Sacla mit den Worten zitiert:

„Ich sah ja nicht, was in der Chefetage geschah. (...) [I]ch bewunderte diese Leute. Tanzi, ein unheilbarer Lügner, ist ein Mann von grenzenlosem Charisma. Tonna, der seiner Sekretärin auch schon einmal einen Drucker hinterherwarf, ist ein Manager von Talent" (Schönau 2004, 3).

Auch im Falle Parmalat herrscht also offensichtlich ein System der organisierten Unverantwortlichkeit; alle handelten auf Weisung anderer und keiner will die Weisungen gegeben haben.

All die genannten Beispiele machen deutlich, dass das Moralverhalten in Untenehmen nicht zuletzt durch das Beispiel der Vorgesetzten beeinflusst wird. Nur dann, wenn diese an langfristigen Beziehungen des Unternehmens und einem respektvollen Umgang mit Mitarbeiterinnen und Mitarbeitern ebenso wie mit den Kunden des Unternehmens interessiert sind, einen loyalen, respektvollen und verständigen Umgang mit den Angestellten pflegen, das eigene Handeln stets kritisch hinterfragen und die moralischen Dimensionen ihrer Entscheidungen im Auge behalten, die richtigen Anreize für moralisch korrektes Verhalten im Unternehmen setzen und im Zweifel gegen etwaige Verstöße unmissverständlich und für alle deutlich vorgehen, kann es gelingen, moralische Werthaltungen in Unternehmen dauerhaft umzusetzen. Dabei, so lässt sich zeigen, bedarf es eines Führungsstils, der sowohl die materiellen wie die immateriellen Bedürfnisse der Mitarbeiterinnen und Mitarbeiter im Auge behält und darüber hinaus die moralische Verantwortung für das langfristige Wohlergehen des Unternehmens wie auch der direkten Untergebenen zum Anliegen hat. Inwieweit dieser Führungsstil eher transaktional oder charismatisch gefärbt ist, spielt dabei offensichtlich eine eher untergeordnete Rolle. Betrachtet man das Fehlverhalten in der Führung der Vorgesetzten in den Fällen Salomon, Enron und Parmalat, wird klar, dass es offensichtlich stets beide Elemente sind, die zum Guten wie zum Schlechten im Führungsverhalten der Vorgesetzten zusammenwirken. Offensichtlich besaßen sowohl John Gutfreund, Jeffrey Skillings und Kenneth Lay sowie Calisto Tanzi auf ihre je spezifische Art ein gewisses Charisma und waren in der Lage, Visionen für ihr Unternehmen zu formulieren, die von ihren Mitarbeiterinnen und Mitarbeitern geteilt wurden. Gleichzeitig führten sie ihre Mitarbeiter auch über materielle Anreize und verfolgten eine klare Politik des „do ut des". Dies betraf sowohl ihre Personalpolitik wie auch ihr materielles und immaterielles Anreizsystem, mit dessen Hilfe sie ihre Politik jeweils im eigenen Hause durchsetzten.

3. Ausblick

Augenfällig ist, dass die Sanierungsversuche im Hause Salomon ebenso wie auch im Falle Parmalats insbesondere auf die Integrität und die Führungskultur jeweils einer Person aufbauen. Rigoros gingen sowohl Warren E. Buffet bei Salomon wie auch Enrico Bondi bei Parmalat gegen die alten ‚Seilschaften' innerhalb der Unternehmen vor. Beide traten für die lückenlose Aufklärung aller Vorkommnisse ein und waren um weitgehende Transparenz aller Daten und Entscheidungen während ihrer Arbeit bemüht. Insbesondere scheinen sich dabei beide Unternehmenssanierer durch folgende Eigenschaften auszuzeichnen:

1. *Führung durch gutes Vorbild:* Warren Buffet und Enrico Bondi galten bzw. gelten als integre, erfahrene und kompetente Führungspersönlichkeiten. Insbesondere externe Stakeholder setzten starkes Vertrauen in ihre Person. Vertrauen, Ehrlichkeit und Sorgfalt gelten als Ecksteine einer neuen Unternehmenspolitik.

2. *Transparenz und Aufklärung:* Sowohl Buffett wie auch Bondi versprachen die lückenlose Aufklärung des Unternehmensskandals. Zugleich bemühten sie sich um eine neue Unternehmenskultur, die durch Transparenz und offene Kommunikation gekennzeichnet war. Alle Prozesse und Einzelschritte bei der Realisierung der neuen Unternehmenskultur wurden offen kommuniziert.

3. *Kontrolle und Sanktionen:* Buffet etablierte ein Kontrollsystem zur Überwachung des Moralverhaltens der Mitarbeiterinnen und Mitarbeiter. Im Wesentlichen wurden dabei alle Führungsverantwortlichen auf die Überwachung der Einhaltung der Unternehmensleitlinien verpflichtet. Sowohl Buffet als auch Bondi entließen alle in den Skandal verwickelten Manager.

4. *Persönliche Verantwortungsübernahme:* Warren Buffet übernahm persönliche Verantwortung für die Moral seiner Mitarbeiter. Per Rundschreiben erklärte er, dass weiterhin keinerlei Verstöße gegen die moralischen Prinzipien des Unternehmens geduldet würden. Zuwiderhandlungen seien an ihn persönlich zu berichten. In einem Schreiben an alle Mitarbeiter des Unternehmens heißt es:

> "Unless and until otherwise advised by me in writing, you are each expected to report, instantaneously and directly to me, any legal violation or moral failure on behalf of any employee of Salomon Inc. or any subsidiary or controlled affiliate. You are to make reporting directly to me your first priority. You should, of course, report through normal chain of command when I am unavailable and, in other cases, immediately after reporting to me.
> Exempted from the above are only minor legal and moral failures (such as parking tickets or nonmaterial expense account abuses by low-level employees) not involving significant breach of law by our firms or harm to third parties. My private office telephone number in Omaha is (...) which reaches me both at the office and at home. My general office num-

ber in Omaha is (…). The Omaha office can almost always find me. – When in doubt, call me" (Sims 2000, 67).

Wie die Beispiele Salomon, Enron oder Parmalat deutlich machen, scheint das Bemühen um Integrität und moralisches Wohlverhalten der Mitarbeiter als individuelles Anliegen der Unternehmensleitung jedoch eher die Ausnahme als die Regel zu sein. Zukünftige Forschungsanstrengungen im Bereich der Unternehmensethik sollten daher verstärkt auch individualethische Aspekte betonen und sich auch um Themen wie Personalauswahl oder Führungsethik bemühen. Während Assessment-Center beispielsweise bisher darauf zielen, die Leistungsfähigkeit künftiger Mitarbeiterinnen und Mitarbeiter zu testen, wird dem Verhalten der Kandidatinnen und Kandidaten in moralischen Dilemma-situationen bei der Auswahl bisher wenig Beachtung geschenkt. Dabei sind es – wie die eingangs erwähnten Beispiele deutlich zeigen – insbesondere auch die mangelnden individuellen moralischen Qualitäten und die fehlende persönliche Integrität von Vorgesetzten ebenso wie von Untergebenen, die den einzelnen im Zweifel unverantwortlich handeln lassen.

Literatur

Berni, M. (2004): Stefano und Francesca allein zu Haus, in: Handelsblatt, 15.01.2004

Berni, M., Maisch, M. (2004): Milchmann im Größenwahn – Parmalat und das Scheitern der Hochfinanz, in: Handelsblatt, 12.01.2004

Carlson, D.S., Perrewe, P.L. (1995): Institutionalization of Organizational Ethics Through Transformational Leadership, in: Journal of Business Ethics, 14(10), S. 829-838

Ciulla, J.B. (1995): Leadership Ethics: Mapping the Territory, in: Business Ethics Quarterly, 5(1), S. 151-179

Crane, A., Matten, D. (2004): Business Ethics – A European Perspective, Oxford

dpa 20.12.2003: Finanzskandal um Parmalat-Konzern

dpa 30.12.2003: Parmalat-Gründer Tanzi gibt Millionen-Veruntreuung zu

dpa-AFX 03.04.2005: „Spiegel": Mailänder Staatsanwaltschaft wirft Deutscher Bank Manipulation vor dpa-AFX 27.06.2005: Parmalat-Pleite: Tanzi wird in Mailand der Prozess gemacht

Falkenberg, L., Herremans, I. (1995): Ethical Behaviours in Organizations: Directed by the Formal or Informal Systems, in: Journal of Business Ethics, 14(2), S. 133-143

Freedman, R.D., Mickens, V.V. (1993): Apologies are Bullshit, New York

Fritz, G. (2004): Der Parmalat Skandal – Die grenzenlose Gier des Managements, Wien

Giampetro-Meyer, A., Brown, T., Browne, N.M., Kubasek, N. (1998): Do We Really Want More Leaders in Business?, in: Journal of Business Ethics, 17(15), S. 1727-1736

Gini, A. (1997): Moral Leadership: An Overview, in: Journal of Business Ethics, 16(3), S. 323-330

Guillén, M. González, T.F. (2001): The Ethical Dimension of Managerial Leadership – Two Illustrative Case Studies in TQM, in: Journal of Business Ethics, 34(3-4), S. 175-189

Hearing (2002a): Hearing before the Committee on Governmental Affairs – United States Senate. Hearing on Retirement Insecurity: 401(k) Crisis at Enron. 05.02.02, S. Hrg. 107-378. US Government Printing Office, Washington

Hearing (2002b): Hearing before the Committee on Governmental Affairs – United States Senate. Hearing on the Watchdogs Didn't Bark: Enron and the Wall Street Analysts. 27.02.02, S. Hrg. 107-385. US Government Printing Office, Washington

Hearing (2002c): Hearing before the Permanent Subcommittee on Investigations of the Committee on Governmental Affairs – United States Senate. Hearing on the Role of the Board of Directors in Enron's Collapse. 07.05.02, S. Hrg. 107-511. US Government Printing Office, Washington

Hearing (2002d): Hearing before the Permanent Subcommittee on Investigations of the Committee on Governmental Affairs – United States Senate. Hearing on the Role of the Financial Institutions in Enron's Collapse. 23./30.07.02, S. Hrg. 107-618, Vol. 1. US Government Printing Office, Washington

Hearing (2002e): Hearing before the Committee on Governmental Affairs – United States Senate. Hearing on Oversight of Investment Banks' Response to the Lessons of Enron. 11.12.02, S. Hrg. 107-871, Vol. 1. US Government Printing Office, Washington

Hearing (2002f): Hearing before the Permanent Subcommittee on Investigations of the Committee on Governmental Affairs – United States Senate. Hearing on Asleep at the Switch: FERC's Oversight of Enron Corporation. 12.11.02, S. Hrg. 107-854, Vol. 1. US Government Printing Office, Washington

Hinterhuber, H. H. (1984): Strategische Unternehmensführung, Berlin

Horvath, D. (2004): Parmalat-Skandal – Der Pate von Parma, in: Stern 12/2004.

Janis, I. L. (1982): Groupthink – Psychological Studies of Policy Decisions and Fiascoes, Boston

Jones, H. B. Jr. (1995): The Ethical Leader: An Ascetic Construct, in: Journal of Business Ethics, 14(10), S. 867-874

Kaufmann, F.-X., Kerber, W., Zulehner, P. (1986): Ethos und Religion bei Führungskräften, München

Lewis, M. (1999): Liar's Poker, London

Lopez, Y. P., Rechne, P. L., Olson-Buchanan, J.B. (2005): Shaping Ethical Perceptions: An Empirical Assessment of the Influence of Business Education, Culture and Demographic Factors, in: Journal of Business Ethics 60(4), S. 341-358

Manager-Magazin (2004): Wie versenkt man 14.000.000.000 Euro?, 23.07.2004. http://www.manager-magazin.de/unternehmen/artikel/0,2828,310067,00.html

Mayer, M. (1995): Alptraum Wall Street – Aufstieg und Fall des Hauses Salomon Brothers, Frankfurt am Main

McNamee, M., Zellner, W., Anderson, St. (2002): What did Ken Lay Know on Aug. 20?, in: Business-Week online, 24.01.2002. http://www.businessweek.com/bwdaily/dnflash/jan2002/nf20020124_5842.htm

Minkes, L. A., Small, M. W., Chatterjee, S. R. (1999): Leadership and Business Ethics: Does It Matter? Implications for Management, in: Journal of Business Ethics, 20(4), S. 327-335

Petrick, J. A., Quinn, J.F. (2001): The Challenge of Leadership Accountability of Integrity Capacity as a Strategic Asset, in: Journal of Business Ethics, 34(3-4), S. 331-343

Probst, G. J. B. (1993): Organisation – Strukturen, Lenkungsinstrumente, Entwicklungsperspektiven, Landsberg am Lech

Schönau, B. (2004): Alzheimer des Kapitalismus, in: Die Zeit, Nr. 4, 15.01.2004. http://www.zeit.de/2004/04/Parmalat

Sims, R. R. (2000): Changing an Organization's Culture Under New Leadership, in: Journal of Business Ethics, 25(1), S. 65-78

Sims, R. R., Brinkmann, J. (2002): Leaders as Moral Role Models: The Case of John Gutfreund at Salomon Brothers, in: Journal of Business Ethics, 35(4), S. 327-339

Sims, R. R., Brinkmann, J. (2003): Enron Ethics (Or: Culture Matters More than Codes), in: Journal of Business Ethics, 45(3), S. 243-256

Steinmann, H., Löhr, A. (1994): Grundlagen der Unternehmensethik, Stuttgart

Toffler, B. L., Reingold, J. (2003): Final Accounting – Ambition, Greed and the Fall of Arthur Andersen, New York

Tonge, A. et al. (2003): The Enron Story: You Can Fool Some of the People Some of the Time..., in: Business Ethics – A European Review, 12(1), S. 4-22

Tucker, S., Turner, N., Barling, J., Reid, E. M., Cecilia, E. (2006): Apologies and Transformational Leadership, in: Journal of Business Ethics, 63(2), S. 195-207

Vasini, L. (2004): Der Chef, den es nicht gab, in: stern.de, 09.01.2004. http:// www. stern.de/wirtschaft/unternehmen/meldungen/:Parmalat-Skandal-Der-Chef,/518587.html

Weaver, G. R. (1995): Does Ethics Code Design Matter? Effects of Ethics Code Rationales and Sanctions on Recipient's Justice Perceptions and Content Recall, in: Journal of Business Ethics, 14(5), S. 367-385

Weber, J. (1993): Institutionalizing Ethics into Business Organizations: A Model and Research Agenda, in: Business Ethics Quarterly, 3(4), S. 419-436

Weber, M. (1980): Wirtschaft und Gesellschaft, Tübingen

Wimbush, J. C. (1999): The Effect of Cognitive Moral Development and Supervisory Influence on Subordinates Ethical Behavior, in: Journal of Business Ethics, 18(4), S. 383-395

Wunderer, R. (1993): Führung des Chefs, in: von Rosenstiel, L., Regnet, E., Domsch, M. (Hrsg.): Führung von Mitarbeitern – Handbuch für erfolgreiches Personalmanagement, Stuttgart, S. 237-258

Zellner, W. et al. (2001): Cover Story – The Fall of Enron, in: Business-Week online, 17.12.2001, http://www.businessweek.com/magazine/content/01_51/b3762001.htm.

Zimmerli, W. Ch., Aßländer, M.S. (2005): Wirtschaftsethik, in: Nida-Rümelin, J. (Hrsg.): Angewandte Ethik – Die Bereichsethiken und ihre theoretische Fundierung. Stuttgart, S. 302-384

Spezifische Investitionen als Legitimation für Residualansprüche

Governancetheoretische Überlegungen zur Einbindung von Ethik

Alexander Brink

Einleitung

"Why do we not fundamentally rethink the corporate governance issue? Why don't we actually acknowledge in our theories that companies survive and prosper when they simultaneously pay attention to the interests of customers, employees, shareholders, and perhaps even the communities in which they operate?" (Ghoshal 2005, 81)[1]

Die Führung und Aufsicht von Unternehmen ist in der Betriebswirtschaftslehre ein sehr relevantes Forschungsfeld. Dennoch gaben die jüngsten Unternehmensskandale bei Enron, Worldcom und Parmalat Anlass zur Besorgnis. Spätestens seit diesen Ereignissen steht die internationale Corporate Governance im Zentrum der gesellschaftlichen Kritik. Es fällt auf, dass es sich dabei keineswegs um ein nationales Problem – etwa der USA – handelt:

"Similar accounting scandals in Europe indicate that the breakdown of corporate governance in the face of complexity has been a global occurrence" (Sama/Shoaf 2005, 177).

---

[1] Vgl. vertiefend hierzu: Ghoshal/Moran (1996).

Als Lösungsvorschlag fordern einige eine *weitgehende Unternehmensverantwortung*, die sämtliche Anspruchsgruppen in die Managemententscheidungen einbezieht. Andere wiederum, so scheint es, sehen gerade die Rückbesinnung auf den *ökonomischen Kern* der Unternehmensführung als Lösung des Problems. Wie dem auch sei: Selbst eine – um der zweiten Position zu folgen – enge Interpretation von Corporate Governance als *Steuerung im Rahmen einer Prinzipal-Agenten-Beziehung* scheint zunächst inhaltlich und in Bezug auf Maßnahmen und Effizienz unklar. Zwar formulieren die Anhänger einer solchen Position, Ziel sei es, "[to] assure themselves [suppliers of finance] of getting a return on their investment" (Shleifer/Vishny 1986, 462), und stellen damit die Interessen des Aktionärs in den Vordergrund. Dennoch bleibt die Wissenschaft trotz einer unzählbaren Fülle an Literaturbeiträgen zum vorliegenden Thema eine klare Definition des Begriffes ebenso schuldig wie eine inhaltliche Eingrenzung des zugrunde gelegten Betrachtungsgegenstandes.

Eine mögliche Ursache könnte darin liegen, dass das Thema äußerst komplex und keinesfalls trivial ist: Es greift nämlich

1. die traditionelle Frage nach dem *primacy goal des Unternehmens* auf (welches primäre Ziel soll die Unternehmensleitung verfolgen?), es diskutiert

2. die Frage nach den *legitimen Anspruchsgruppen* (wer hat einen berechtigten Anspruch an das Unternehmen?), es rückt

3. die *verschiedenen Einflussvariablen* in das Blickfeld (wie sehen Eigentümerstruktur, Branche, Kultur etc. aus?) und mündet

4. in die Frage nach der *universellen Gültigkeit* bzw. der *lokalen Anwendbarkeit* von Normen (brauchen wir eine ‚einheitliche' Führung und Aufsicht von Unternehmen?).

Corporate Governance ist somit immer schon in einen gesellschaftlichen Zusammenhang eingebettet und fordert dazu auf, über die rein ökonomische Dimension hinauszudenken.

„Strategisches Management und Corporate Governance fangen dort erst an, wo das Rechnungswesen, auch das am weitesten entwickelte, zwangsläufig enden muss, weil wir die wirklich entscheidenden Fragen der Unternehmensführung nicht in Geldgrößen quantifizieren können" (Malik 2002, 33).

Das Spektrum der Corporate Governance ist also sehr breit: Es reicht von einer traditionell gemäß der Prinzipal-Agenten-Theorie und damit (neu-) institutionenökonomisch rekonstruierten Variante bis hin zu einer „effiziente[n], ressourcenoptimale[n] Unternehmensführung im Sinne aller Interessengruppen" (Nippa 2002, 4). Zu klären bleibt die auf den ersten Blick in sich widersprüchlich anmutende Frage, ob nicht eine *Weiterfassung* des Corporate-Governance-Begriffs mehr *Präzision* in die Diskussion bringen kann.

Dabei werde ich die folgende These stark machen: Neben dem Aktionär tragen auch andere Anspruchsgruppen, insbesondere Mitarbeiter, ein Risiko der Residualerträge. Das Risiko der Residualerträge, das aufgrund spezifischer Investitionen entsteht, gilt im vorliegenden Beitrag als Legitimationsgrundlage für Residualansprüche. Es fordert damit eine stärkere Ausrichtung der Unternehmensführung auf genau jene Interessengruppen, die die Unsicherheit von residualen Ansprüchen tragen. Eine Ausdehnung auf das Stakeholdermanagement soll sich anschließen. Methodisch bediene ich mich dabei der Neuen Institutionenökonomik. Mit einer ökonomischen Argumentation sollen ethische Ansprüche rekonstruiert werden.

In fünf Schritten wird das ökonomische Fundament für eine normative Erweitung der Corporate Governance gelegt. Ausgehend von einer Explikation der Grundlagen der Corporate Governance (Kapitel 2) und einer Kritik an der Neoklassik wird das Forschungsprogramm der Neuen Institutionenökonomik als Ausgangspunkt der Corporate Governance dargestellt (Kapitel 3). Sodann wird der Kern der Neuen Institutionenökonomik, der die Agency-Theorie, das Agency-Problem und die Agency-Kosten umfasst, auf das zu untersuchende Problem angewandt (Kapitel 4). In einem weiteren Teil starte ich den Versuch, die spezifischen Investitionen des Mitarbeiters als moralökonomische Legitimationsgrundlage für Residualansprüche ins Spiel zu bringen (Kapitel 5). Stakeholdermanagement und Agency-Theorie sollen schließlich miteinander verbunden werden und zwar als ökonomisches Fundament einer normativen Corporate Governance (Kapitel 6). Eine kurze Zusammenfassung sowie ein Ausblick schließen den Beitrag ab (Kapitel 7).

1. Grundlagen der Corporate Governance

Der Begriff *Corporate Governance* wird im Englischen seit den 1990er Jahren verwendet (vgl. Witt 2000).[2] Im Allgemeinen versteht man unter Corporate Governance eine wirksame Führung und Aufsicht zur Sicherung der langfristigen Überlebensfähigkeit einer Organisation (vgl. Küsters 2001, 1 sowie Janisch 1993).[3] Damit werden zwei Fragekomplexe von Corporate Governance angesprochen:

1. Aus einer managementpraktischen Perspektive ergeben sich etwa Fragen wie: Wie führe ich ein Unternehmen? In wessen Interesse soll ein Unternehmen geleitet werden?[4] Wie kontrolliert der Aktionär das Management und stellt sicher, dass es im Interesse des Aktionärs handelt? Welche Rolle übernimmt der Aufsichtsrat?

2. Aus einer wissenschaftlichen Perspektive ergeben sich Fragen wie: Welche Anspruchsgruppe hat einen legitimen Anspruch auf das Residuum? Wie wird *moral hazard* verhindert? Welche Form der Governance führt dazu, dass bei einer Transaktion trotz ungleich verteilter und unvollständiger Information ein Ex-Post-Opportunismus ausgeschlossen wird?

Die Fragestellung lautet nunmehr zusammengefasst: Wie soll eine normative Grundordnung für das Führungs- und Aufsichtssystem großer Unternehmen aussehen, die sowohl theoretisch fundiert werden kann als auch anwendungsnah und praktikabel ist?[5]

---

[2] Malik bezeichnet die Begriffsarbeit als „theoretisches Notstandsgebiet, nicht wirklich durchdacht und aufgearbeitet" (Malik 2002, 65).

[3] Der Begriff *Governance* umschreibt ursprünglich eine Form der Regierungsgewalt, Herrschaft, Gewalt und Kontrolle, weshalb einige Autoren sich an dem Begriff *Unternehmensverfassung* oder *Unternehmensregierung* orientieren.

[4] Diese Frage scheint mir zentral, auch wenn z. B. Malik sie als falsch gestellte Frage bezeichnet (vgl. Malik 2002, 26). Er wendet sich sowohl gegen die Shareholder- als auch gegen die Stakeholderorientierung, sofern sie danach fragt, *welche Interessen zu verfolgen sind*. Diese Frage stelle sich erst bei der *Wertverteilung* (wem steht das Residuum zu?), bei der *Wertentstehung* hingegen sei sie irrelevant.

[5] Mit dem Begriff *normativ* soll eine moralisch-normative Verwendung verstanden werden, keine betriebswirtschaftliche oder juristische Interpretation. Es geht um das *moralische Sollen*.

Sinn und Legitimität unternehmerischer Aktivitäten sollen kritisch hinterfragt werden. Corporate Governance – auch wenn sie in einer engen Interpretation verwendet wird – muss zwar effektiv und effizient sein, eine selbstkritische Reflexion des eigenen Selbstverständnisses sollte aber darüber hinaus geleistet werden. Damit wird Corporate Governance selbst zum *Agenda-Setter* und unterstreicht ihre Bedeutung sowohl *innerhalb* als auch *außerhalb* des Systems Ökonomik. Führung und Aufsicht ergeben sich zum einen aus der ökonomischen Notwendigkeit heraus (Innenperspektive), zum anderen können sie aber auch das Verständnis von Ökonomie selbst neu bestimmen. Die Verkürzung des Realitätsausschnitts und eine Dogmatisierung der Methode (sei es die Neoklassik oder die Neue Institutionenökonomik) birgt die Gefahr falscher Handlungsempfehlungen. So mag man sich wundern, wenn die Neoklassik vollständige Information unterstellt, Manager und Aktionäre also als vollständig informierte homines oeconomici rekonstruiert, gleichzeitig aber die Prinzipal-Agenten-Theorie, die ja gerade nicht von vollständiger Information ausgeht, sondern Informationsasymmetrien unterstellt, zur Etablierung des neoklassisch geprägten Shareholder-Value-Managements heranzieht. Hier scheinen sich mittlerweile Widersprüche in der Modellierung ergeben zu haben, die zu weitreichenden und tiefgreifenden Missverständnissen in der Managementpraxis führen. Zum einen soll der Unternehmenswert ‚eins zu eins' in der Börsenbewertung widergespiegelt werden (*vollständige Information* der Kapitalmarktteilnehmer wird hier unterstellt), zum anderen wird der Manager beauftragt, einen diskretionären Spielraum auszunutzen, aber nicht zu seinem Vorteil, sondern im Interesse des Aktionärs, was gerade auf das Ausnutzen von *Informationsasymmetrien* hinausläuft.

„Zu den gängigen, wenig hinterfragten Lehren der Corporate Governance gehört, dass erst Informationsasymmetrien die diskretionären Handlungs- und Entscheidungsspielräume eröffnen, die zum individuellen, ökonomischen Vorteil des besser Informierten ausgenutzt werden" (Nippa 2002, 33).

Informationsvorsprünge sind keinesfalls kritisch zu betrachten, da sie für Prinzipal-Agenten-Beziehungen wesentlich sind und Innovationen,

Wettbewerbsvorteile, Patente etc. ermöglichen.[6] Auf der anderen Seite sollen Informationsvorsprünge aber gerade abgebaut werden (Stichwort: Transparenz, Verhinderung von opportunistischem Verhalten, Wahrhaftigkeit). Transparenz berührt jedoch häufig Graubereiche, z.B. dann, wenn die Bekanntgabe von Wissen Wettbewerbsvorteile verhindern würde und Unternehmen sich damit selbst schädigen. Denn wer gibt schon die Zusammensetzung seines Medikamentes oder seines Getränkes bekannt, wer veröffentlicht seine ‚geheime' Unternehmensstrategie oder geplante Übernahmen und wer gibt freiwillig die Daten und Informationen über seine Kunden der Konkurrenz bekannt?[7] Güter und Ansprüche werden abgewogen (Transparenz versus Integrität, Anspruch des Kunden versus Anspruch der Konkurrenz) und hier kommt die Ökonomie an ihre Grenzen. Dies alles sind Fragen der Legitimität von Ansprüchen, der Gerechtigkeit und der Integrität, dies sind Fragen der *Wirtschafts- und Unternehmensethik.*

2. Die Kritik an der Neoklassik und das Forschungsprogramm der Neuen Institutionenökonomik

Unternehmungen haben in der klassischen ökonomischen Theorie, die v. a. von und seit Adam Smith geprägt wurde, keine große Rolle gespielt. Dennoch waren Institutionen wie Gesetze und moralische Regeln für den schottischen Ökonomen und Philosophen eine wichtige Voraussetzung für die Funktionsfähigkeit von Märkten. Volkswirtschaftlich betrachtet und der klassisch-liberalen Position folgend wird im funktionierenden Wettbewerb durch die Verfolgung der Eigeninteressen der Einzelnen innerhalb bestehender Regeln und durch die unsichtbare Hand des Marktes der Wohlstand einer Gesellschaft gesteigert. Adam Smith erkannte schon früh einen allge-

---

[6] Die Akkumulierung von Informationsvorsprüngen macht es aber gleichzeitig nötig, dass die Manager, die über solche Informationsvorsprünge verfügen, damit auch *verantwortungsvoll* umgehen.

[7] Man könnte daher das Thema der Corporate Governance als „Teilgebiet der Ethik des Umgangs mit Information (oder klassischer ausgedrückt: des Umgangs mit Wahrheit) und als Anwendungsfall einer Ethik der Entscheidungsfindung begreifen" (Hemel 2005, 28f.).

meinen Zusammenhang zwischen Arbeitsteilung und Motivation (vgl. Smith 1776/1996, 9), den Berle/Means (1932) dann später für Aktiengesellschaften und Manager konkretisierten, nämlich dass die Ineffizienz des Managements in einer *defizitären Anreizstruktur* liegt. Adam Smith hat damit schon lange vor Ronald H. Coase auf die Entstehung von Institutionen verwiesen. Smith (1776/1996) schreibt im ersten Buch seines *Wealth of Nations* mit Blick auf die Entstehung von Organisationen:

„Sobald sich nun aber Kapital in den Händen einzelner gebildet hat, werden es einige von ihnen natürlich dazu verwenden, um arbeitsame Leute zu beschäftigen, denen sie Rohmaterialien und Unterhalt bieten, um einen Gewinn aus dem Verkauf ihres Produktes zu erzielen, genauer gesagt, aus dem Verkauf dessen, was deren Arbeit dem Material an Wert hinzufügt" (43).

Im ersten und fünften Buch wird sogar implizit auf eine Prinzipal-Agenten-Problematik verwiesen: auf *moral hazard* und *shirking*.[8]

„Gewöhnlich trödelt man ein wenig beim Übergang von einer Arbeit zur anderen, zudem beginnt man eine neue Tätigkeit kaum mit großer Lust und Hingabe, ist noch nicht ganz bei der Sache, wie man zu sagen pflegt, und vertut einige Zeit mit Nebensächlichem, anstatt ernsthaft zu arbeiten" (13).

„Von den Direktoren einer (…) Gesellschaft, die ja bei weitem eher das Geld anderer Leute als ihr eigenes verwalten, kann man daher nicht gut erwarten, daß sie es mit der gleichen Sorgfalt einsetzen und überwachen würden, wie es die Partner in einer Privaten Handelsgesellschaft mit dem eigenen zu tun pflegen. Wie die Verwalter eines reichen Mannes halten sie Sorgfalt in kleinen Dingen gerne für etwas, was sich mit dem Ansehen ihres Herrn nicht vertrage, so daß sie es damit auch nicht sehr genau nehmen. Daher müssen Nachlässigkeiten und Verschwendung in der Geschäftsführung einer solchen Gesellschaft stets mehr oder weniger vorherrschen" (629f.).

Smith kann in diesem Sinne als ein Vertreter einer liberalen Corporate Governance verstanden werden, betont er doch managementähnliche Phänomene:

---

[8] Vgl. zur Erklärung dieser Begriffe Kapitel 4 dieses Beitrages.

„Man könnte vielleicht denken, der Kapitalgewinn sei nur ein anderer Name für den Lohn einer besonderen Art Arbeit, nämlich für den der Überwachung und Leitung" (43).

Auch in der Neoklassik wurde die Unternehmensebene kaum berücksichtigt.[9] Erstmals Ende des 19. Jahrhunderts von angelsächsischen Nationalökonomen als *economic man* bezeichnet, war es der Wirtschaftswissenschaftler Vilfredo Pareto, der den lateinischen Terminus *homo oeconomicus* in systematischer Art und Weise einführte (vgl. Manstetten 2002, 48, Anmerkung 12). In der Volkswirtschaftslehre ist der homo oeconomicus im so genannten methodologischen Individualismus Basisbestandteil der neoklassischen Theorie (vgl. Katterle 1991). Als idealtypisches Modell des Menschen bekannt geworden, wird er vor allem von Wirtschaftswissenschaftlern eingesetzt, um bestimmte ökonomische Problemkonstellationen und Entscheidungsprozesse rekonstruieren und modellieren zu können (vgl. Eurich/Brink 2006). Der homo oeconomicus, das zentrale theoretische Gedankenmodell dieser Forschungsrichtung, hat trotz seiner erstaunlichen Verbreitung äußerst heftige Kritik erfahren.[10]

Im Zentrum der Neoklassik steht die *allgemeine Gleichgewichtstheorie*, der zufolge Anbieter und Nachfrager auf Märkten zusammentreffen und der Preis sich solange verändert, bis die Nachfrage befriedigt und der Markt geräumt ist (vgl. Erlei et al. 1999). Im *Gleichgewichtspreis* werden gerade noch die Produktionskosten gedeckt – Unternehmen machen keine Gewinne mehr. Dieser Theorie liegen weitere Voraussetzungen zugrunde wie etwa homogene Güter und Dienstleistungen, vollständige Informiertheit (vollkommene Markttransparenz), vollständige Verträge (Totalspezifizierung, keine Täuschung, keine Unsicherheit etc.) sowie Transaktionskostenfreiheit. Die neoklassischen Prämissen wurden als stark reduktionistisch und die Wirklichkeit nicht widerspiegelnd kritisiert. Auf das Unternehmen übertragen geht die Neoklassik davon aus, dass die mit den Faktoreignern geschlossenen Verträge vollständig sind:

---

[9] Der Begriff *Neoklassik* geht auf Thorstein Veblen zurück, der die ökonomische Theorie von Alfred Marshall beschreibt. Weitere Vertreter der Neoklassik wären etwa Léon Walras oder Vilfredo Pareto. Grundlegend dazu Aspromourgos (1996).
[10] Mittlerweile gibt es eine unüberschaubare Literatur zum homo oeconomicus (vgl. für einen ersten Überblick Kirchgässner 1991).

Es gibt keine impliziten Verträge.[11] Die neoklassische Ökonomik kennt demnach auch keine Institutionen.

Die Fundamentalkritik (vgl. Göbel 2002, 29 sowie Furubotn/Richter 2005) an der Neoklassik ist zugleich die Geburtsstunde der *Neuen Institutionenökonomik*. Wirtschaftliches Handeln erfolgt zwar weiterhin auf Märkten, die Marktakteure nehmen aber bei der Durchführung von ökonomischen Transaktionen nunmehr Institutionen in Anspruch. Historisch gesehen wurde die Neue Institutionenökonomik zunächst gegen die Neoklassik und damit gegen die Mainstream Economics ins Spiel gebracht. Williamson etwa distanzierte sich schon in den 60er Jahren von den Verhaltensannahmen der damaligen Preistheorie. Er war der Meinung, dass *Wahlhandlungen (choices)* durch *Transaktionen (transactions)* ersetzt werden sollten.

„[E]r widerstand dem professionellen Drang (...), seine Überlegungen vorschnell zu formalisieren, weil er die theoretischen Kategorien der Organisationsökonomik als einer vergleichenden Institutionenanalyse vom Problem und nicht vom Handwerkszeug bestimmt wissen wollte" (Pies 2001, 95).

Andere Autoren sprechen eher von einer Weiterentwicklung der Neoklassik durch die Neue Institutionenökonomik statt von einem Paradigmenwechsel, da zwei wesentliche Fortschritte in der Neoklassik erzielt wurden:

1. die Erweiterung des Vorteilsbegriffes über Opportunitätskosten[12] und

2. die Einführung der Spieltheorie und damit verbunden die Interaktionsanalyse strategischer Situationen.[13]

---

[11] "The term 'implicit contract' (...) refers to all parts in or parallel to an explicit contract which are not precisely negotiated and codified but whose express alteration or removal would have led at least one party to not have agreed to the terms of the contract." (Brink/Karitzki 2003, 139). Vielfach werden auch die Begriffe *psychologische, unvollständige* oder *relationale Verträge* von den *impliziten Verträgen* abgegrenzt. Furubotn/Richter (2005, 161) zum Beispiel unterscheiden die *agency-contract theory* von der *self-enforcing agreements theory* und der *relational-contract theory*. Zu den *psychologischen Verträgen* vgl. Rousseau (1995).

[12] Unter Opportunitätskosten versteht man die Vor- und Nachteile der zweitbesten Alternative, also eine Art subjektiver Nutzenentgang eines Nutzenmaximierers.

Die Neue Institutionenökonomik ist von der (Alten) Institutionenökonomik zu trennen. Vertreter der ‚Historischen Schule' wie etwa Roscher und von Schmoller, der ‚Österreichischen Schule' wie etwa Böhm-Bawerk und von Hayek sowie der ‚Freiburger Schule' wie etwa Eucken, aber auch Anhänger des Amerikanischen Institutionalismus (u.a. Veblen, Commons) kritisierten im 19. und 20. Jahrhundert ebenfalls die neoklassischen Ansätze (vgl. Erlei et al. 1999, 28ff.). Die Neue Institutionenökonomik orientiert sich im Gegensatz zur Alten Institutionenökonomik an der Neoklassik, weshalb sie sich in ihrer normativen Variante (aber nicht in der positiven) in mathematischen Modellen abbilden lässt. Bis heute laufen Neue und Alte Institutionenökonomik parallel, wobei erstere deutlich erfolgreicher ist. Beiden gemeinsam ist der Begriff der *Institution*.

> "An institution is understood (…) as a set of formal or informal rules, including their enforcement arrangements (the 'rules of the game'), whose objective it is to steer individual behavior in a particular direction" (Furubotn/Richter 2005, 560).

Unter Institutionen als Regelsystem fallen sowohl das Privateigentum, der Staat, die Mitbestimmung, die Ehe, das Gesetz, aber auch die Tradition, die Gewohnheit und die Norm.[14] Institutionen können exogen vorgegeben sein, sie können aber auch als endogene Variable aus einem System selbst entwickelt werden. Sie haben damit eine Steuerungsfunktion, z. T. sogar eine *Selbst*steuerungsfunktion (self governance). Daneben wurde der Opportunismus systematisch in das Forschungsprogramm integriert und damit ein weiterer Unterschied zur traditionellen Preistheorie begründet. In der Neoklassik war opportunistisches Verhalten noch ausgeschlossen, nicht aber, weil der Akteur sich moralisch verhält, sondern

> „weil er überhaupt keinen Spielraum für Täuschungsmanöver oder Erpressungsversuche hätte, weil alle über alle Vertragsbedingungen vollständig informiert sind und kostenlos den Vertragspartner wechseln können" (Göbel 2002, 29).

---

[13] Zur Spieltheorie vgl. u.a. die Arbeiten von Axelrod (1984) und Schüßler (1990), auf Unternehmensebene Nalebuff/Brandenburger (1996).

[14] Die Organisation als *Spezialform* einer Institution bezieht das Individuum ein (vgl. Furubotn/Richter 2005, 563).

Die wesentlichen Unterschiede zwischen der Neuen Institutionenökonomik und der Neoklassik lassen sich wie folgt zusammenfassen:

Abbildung 1:
Annahmen der Neoklassik und der Neuen Institutionenökonomik

Kriterium	Neoklassik	Neue Institutionenökonomik
Rationalität	Vollkommene Rationalität	Unvollkommene bzw. begrenzte Rationalität (bounded rationality)
Institutionen	Nein	Ja
Opportunistisches Verhalten (moral hazard)	Nein	Ja
Informationsverteilung	Vollkommene Information	Asymmetrische Informationsverteilung (unvollständig und ungleich verteilt)
Transaktionskosten	Nein	Ja

Quelle: eigene Darstellung

Im Folgenden möchte ich zunächst die *Corporate-Governance-Theorie aus der Sicht der Neuen Institutionenökonomik betriebswirtschaftlich rekonstruieren.*[15] Dazu ist es notwendig, die Corporate Governance einer bestimmten Form der Institution zuzuordnen. Dies soll in Anlehnung an Williamson erfolgen, wonach folgende vier Stufen unterschieden werden (vgl. Williamson 1998, 25ff.):

---

[15] Zum Zusammenhang von Betriebswirtschaftslehre und Corporate Governance vgl. u.a. Horsch et al. (2005) sowie Jost (2001).

1. *Embeddedness:* informale Institutionen wie Sitten, Gebräuche, Traditionen oder Religion.[16]
2. *Institutional environment (formal rules of the game):* formale Institutionen wie Rechtswesen, Verfassungen, Gesetze, Eigentumsrechte etc.[17]
3. *Governance (play of the game):* Überwachungs- und Durchsetzungssysteme wie Unternehmensverfassung oder Arbeitsverträge.[18]
4. *Resource allocation and employment:* erfolgt unter der Vorgabe von 1-3.

Corporate Governance, so wie sie in dem vorliegenden Artikel verstanden werden soll, betrifft die dritte Ebene. Williamson selbst prägt in diesem Zusammenhang den Begriff *governance* bzw. *governance structure*.[19] Diese Position wird u. a. von Davis/North (1971) gestärkt:

"An institutional arrangement is an arrangement between economic units that *governs* the ways in which these units can cooperate and/or compete" (7; Hervorhebung A. B.).

In diesem Zusammenhang kann schon auf eine Schwierigkeit der *normativen Weiterentwicklung*, so wie sie im vorliegenden Artikel erfolgen soll, verwiesen werden. Orientiert man sich an Williamson, so wäre eine Implementierung von Normen in die *governance structure* eigentlich per definitionem ausgeschlossen, da die Normen eher auf der zweiten bzw. v.a. auf der ersten Ebene zu lokalisieren wären und damit auch nicht so schnell zu verändern sind. Williamson würde eher argumentieren, dass das *institutional arrangement* an sich schon moralisch sei, da es zustimmungsfähig ist und der Mitarbeiter freiwillig dem Vertrag zustimmt. Dennoch soll die Entwicklung genau in die Richtung einer Ebenenerweiterung erfolgen und zwar in dem Moment, in dem andere An-

---

[16] Eine Veränderung auf dieser Ebene vollzieht sich nur sehr langsam: Williamson spricht von etwa 100 bis 1000 Jahren.
[17] Hier würde eine Veränderung nach Williamson ca. zehn bis 100 Jahre dauern.
[18] Änderungen vollziehen sich im Zeitraum von einem Jahr bis zu zehn Jahren.
[19] Williamson (1984) hat den Begriff *Governance* auch in die Diskussion eingeführt.

spruchsgruppen bzw. Stakeholder in den Fokus der Unternehmensführung rücken. Das *institutional arrangement* wirkt sich nämlich

1. direkt auf die Transaktion als "basic unit of analysis" (Williamson 1985, 41) aus und betrifft auch andere Anspruchsgruppen, woraus sich weitere implizite Vertragsbeziehungen ergeben;

2. sollen die Williamson'schen Ebenen hier als sich gegenseitig durchdringend verstanden werden: Die dritte Ebene ist also eingebettet in die ersten beiden Ebenen. Somit können wir in der Williamson'schen Terminologie mit der Argumentation fortfahren.

Eine Besonderheit in der Governance-Forschung ist die Fokussierung auf *Verträge* und damit die tendenzielle Vernachlässigung von *Entscheidungen*. So schreibt etwa Williamson in Anlehnung an Buchanan, ein solches Verständnis "moves economics in the direction of being a *science of contract*, as against a *science of choice*" (Williamson 1998, 36; Hervorhebung A. B.). Eine stärkere Verzahnung der Wirtschafts- mit den Rechtswissenschaften und eine Abkehr von Mathematisierung und Formalisierung ökonomischer Theorien durch die neoklassischen Modelle ist eine notwendige Konsequenz daraus.

In ihrer betriebswirtschaftlichen Anwendung werden Unternehmen in der Neuen Institutionenökonomik also realitätsnäher als in der Neoklassik abgebildet. Drei Forschungsbereiche lassen sich ausmachen:

1. die Transaktionskostentheorie[20],

2. die Property-Rights-Theorie (Verfügungsrechteansatz, Theorie unvollständiger Verträge)[21] und

3. die Prinzipal-Agenten-Theorie (Auftraggeber-Beauftragten-Beziehung).[22]

Als Vater der *Neuen Institutionenökonomik der Unternehmung* gilt Ronald H. Coase, Begründer der Transaktionskostentheorie, mit seinem Werk *The Nature of the Firm* (vgl. Coase 1937). Coase behandelt dabei

---

[20] Nach Coase (1960) dann später v. a. durch Williamson (1979, 1985) vertreten.
[21] Vgl. zur Vertiefung insbesondere Coase (1960), Grossman/Hart (1986), Hart (1995) und Hart/Moore (1990).
[22] Vgl. grundlegend Ross (1987) und Jensen/Meckling (1976).

eine grundsätzliche Frage: *Warum existieren Unternehmen, wenn Märkte die effizienteste Form der Tauschhandlungen und ökonomischer Transaktionen sind?* Furubotn/Richter (2005) formulieren die Aufgabe der Neuen Institutionenökonomik wie folgt:

> "(...) central to the New Institutional Economics is the solution of the coordination problem of economic transactions between individuals by mutual agreement under the assumption of transaction costs" (291).

Unternehmen bilden sich – so argumentiert Coase (1937, 390) weiter –, weil so genannte *Transaktionskosten* (er nennt z.b. Informations-, Such-, Verhandlungskosten sowie Kosten der Vertragserstellung) durch ein Unternehmen reduziert werden. Grundsätzlich bieten sich zwei Alternativen an: *Markt (Vertrag)* oder *Hierarchie (Weisung; Unternehmung)*. Auf Märkten treten nur Einzelpersonen auf, eine Hierarchie zeichnet sich durch Anordnung bzw. Weisung durch Vorgesetzte aus (vertikale Integration) (vgl. Schneider 1993, 250). Die Hierarchielösung (z. B. Unternehmen) bietet sich immer dann an, wenn die Transaktionskosten der Marktnutzung zu hoch sind. Hier wird also Autorität über einen Vertrag auf den Vorgesetzten übertragen, das Arbeitsverhältnis selbst regelt sich jedoch nicht über die Vertragsbedingungen, sondern über das Weisungsrecht des Vorgesetzen (vgl. Göbel 2002, 37). Der Transaktionskostenbegriff selbst geht auf Commons zurück, der das „Schaffen und Übertragen von Verfügungsrechten zum Grundbegriff ökonomischer Analyse" (Schneider 1993, 243) erklärt (vgl. Commons 1931).

Commons unterscheidet die Markttransaktionen (*bargaining transactions*: Vertragskosten), die Managementtransaktionen (*managerial transactions*: Hierarchiekosten) und die Staatstransaktionen (*rationing transactions*: Kosten für Kartelle/Steuern). Das Prinzip des *going concern* (des gut gehenden Geschäfts) ergibt sich aus der Schaffung und Übertragung von Verfügungsrechten. Williamson greift diese Unterscheidung bei Commons später auf, unterscheidet in Anlehnung an Coase Transaktionen als *Markthandlungen (bargaining transactions)* und *Anordnungen von Vorgesetzten (managerial transactions)*. Weiter betont der Autor, dass die Wahl zwischen Markt und Hierarchie von drei Merkmalen abhängt:

1. Häufigkeit der Transaktionswiederholung,
2. Ungewissheit der Transaktion und
3. Ausgaben für transaktionsspezifische Investitionen.[23]

Nach der *Property-Rights-Theorie* kann der Eigentümer eines *assets* über seine Nutzung entscheiden und erntet auch die Früchte daraus. Ferner hat er das Recht Form, Substanz oder Standort des *assets* zu verändern. Grossman/Hart (1986) schreiben dazu:

> "(...) the owner of an asset has the residual right of control of that asset, that is, the right to control all aspects of the asset that have not been explicitly given away by contract" (695).

Nunmehr wäre zu klären, wer von den möglichen Anspruchsgruppen ein Eigentumsrecht in diesem Sinne hat bzw. ob es noch weitere ähnliche Rechte gibt (vgl. Jansson 2005, 2). Obwohl die Lehrbuchmeinung davon ausgeht, dass diese Rechte nur den Eigentümern zuzusprechen sind, zeigt sich eine neuere wissenschaftliche Richtung, die die Meinung vertritt, dass nicht nur die Aktionäre als Eigentümer ein Eigentumsrecht am Unternehmen haben. Eine solche Position findet sich etwa bei Autoren wie Kay (1996), Blair (1995) oder Blair/Stout (1999).

Im Folgenden möchte ich von den drei Forschungsschwerpunkten der Neuen Institutionenökonomik einen besonderen Blick auf die *Agency-Theorie* und das *Prinzipal-Agenten-Problem* werfen.

3. Der Kern der Neuen Institutionenökonomik:
Die Agency-Theorie und das Prinzipal-Agenten-Problem

Die Agency-Theorie dominiert die Corporate-Governance-Forschung. Entgegen der ursprünglichen Herkunft der Neuen Institutionenökonomik als volkswirtschaftliche Theorie erfolgt in dem vorliegenden Beitrag eine *betriebswirtschaftliche* Anwendung in Anlehnung an Jensen (1983):

---

[23] Die Spezifität hat auch im Management-Kunden-Verhältnis Bedeutung, wenn Unternehmer z. B. erhebliche Investitionen vornehmen müssen (sunk costs), um Kundenbedürfnisse zu befriedigen.

"[T]he foundations are being put into place for a revolution in the science of organizations" (319).

Ross (1987) stellt einige Jahre später heraus, dass die Agency-Theorie die zentrale Theorie zur Erklärung von Managementverhalten ist. Ähnlich der Anwendung des Homo-oeconomicus-Modells auf andere Sozialwissenschaften wie etwa in der *Ökonomischen Theorie der Politik* und der *Ökonomischen Theorie der Rechtswissenschaften* hat auch die Agency-Theorie Einzug in verschiedene Sozialwissenschaften gehalten wie in die Soziologie und in die Politikwissenschaften (vgl. z. B. Eisenhardt 1989). Die Prinzipal-Agenten-Theorie unterscheidet zwei unterschiedliche Theoriezweige (vgl. Jensen 1983, 334ff. sowie Furubotn/ Richter 2005):

1. *Normativer Prinzipal-Agenten-Ansatz:*[24] mathematische Fortführung auf Basis des neoklassischen Instrumentariums mit Neumodellierung der handelnden Akteure. Im Fokus steht die Erstellung eines effizienten Anreizdesigns im Interesse der Aktionäre.

2. *Positiver Prinzipal-Agenten-Ansatz:* nicht-mathematisch und nicht-empirisch ausgerichtet.[25]

Probleme, die sich aus der Trennung von Eigentum und Kontrolle ergeben, sind Kernstück der Agency-Theorie. Legt man eine weite Definition zugrunde, so könnte man das Verhältnis wie folgt beschreiben:

"Whenever one individual depends on the action of another, an agency relationship arises. The individual taking the action is called the agent. The affected party is the principal" (Pratt/Zeckhauser 1985, 2).

Zieht man eine vertragstheoretische Perspektive hinzu, so scheint die einschlägige Definition von Jensen/Meckling geeignet. Danach kann man die Agency-Beziehung rekonstruieren als

---

[24] Vgl. Hart (1989), 1758 sowie Bamberg/Spremann (1987) und Stiglitz (1989).

[25] Der Leser möge die Besonderheit beachten, dass es sich bei der *normativen* Dimension der Prinzipal-Agenten-Theorie eben nicht um Normen und Werte im philosophischen Sinne handelt, sondern um berechenbare Größen, wie man sie etwa aus der Mathematik kennt. Die im weiteren Verlauf der Arbeit vorgeschlagenen *normativen Erweiterungsoptionen* werden gerade *nicht-mathematisch* sein, also der *positiven* Dimension der Prinzipal-Agenten-Theorie entsprechen.

"(...) contract under which one or more persons (the principal[s]) engage another person (the agent) to perform some service on their behalf which involves delegating some decision making authority to the agent" (Jensen/ Meckling 1976, 308).

Gleichzeitig sieht man bei dieser Definition die Bedeutung von *Entscheidungen*. Eigentümer haben *ownership rights*, Manager hingegen *(delegated) decision rights*. Zwar hat auch der Eigentümer, in unserem Fall also der Aktionär, *decision rights* in dem Sinne, dass er z.B. auf Hauptversammlungen einer Übernahme bzw. Fusion oder aber der Festlegung der Dividende zustimmen muss. Der Großteil der Entscheidungskompetenzen wird jedoch an das Management delegiert (vgl. Jansson 2005, 1f.).

„Zentrales Anliegen der 'Corporate Governance' ist die Bewältigung des Prinzipal-Agenten-Problems zwischen Anteilseigner und Management" (Dufey/Hommel 1997, 189).

Ghoshal schreibt dazu:

"In courses on corporate governance grounded in agency theory (...) we have taught our students that managers cannot be trusted to do their jobs – which, of course, is to maximize shareholder value – and that to overcome 'agency problems', managers' interests and incentives must be aligned with those of the shareholders by, for example, making stock options a significant part of their pay" (Ghoshal 2005, 75).

Durch die Trennung von Unternehmensbesitz und Unternehmenskontrolle ergibt sich bei managergeführten Unternehmen im Gegensatz zu eigentümergeführten Unternehmen eine Besonderheit. Der Anteilseigner (Prinzipal) beauftragt den Manager (Agenten), in seinem Interesse zu handeln, möchte also das vom Prinzipal investierte Kapital bestmöglich verzinst bekommen. Daher hat das Management – der Kapitalmarkttheorie, der Neoklassik und dem Shareholder-Value-Konzept folgend – die Aufgabe, die gesamte Unternehmensstrategie auf das Wohl der Aktionäre auszurichten. Der Aktionär trägt das residuale Vermögens*risiko*, da im Weiteren ebenfalls unterstellt wird, dass der Manager sich rational verhält und versucht, seinen eigenen Nutzen unter Ausnutzung von Informationsvorsprüngen zu mehren. Dieser Nutzen ist in der Regel nicht mit dem Interesse des Aktionärs vereinbar. Die Agency-Theorie unterscheidet daher zwei sich daraus ergebende Agenturprobleme (*agency problems*):

Das erste, wohl bekannteste Problem dürfte das *Moral-hazard*-Problem darstellen, also das opportunistische Verhalten des Agenten *nach* Vertragsabschluss. Der Agent bekommt nach Vertragsabschluss entweder neue Informationen, die vom Prinzipal nicht wahrgenommen werden (*hidden information*) oder aber die Handlungen des Agenten können nur schlecht bzw. mit hohen Kosten beobachtet und kontrolliert werden (*hidden action* = *moral hazard* i.e.S.). Eine Möglichkeit von *moral hazard* ist das *shirking*. Hier investiert der Agent weniger Zeit und Arbeit in seine Aufgabe, ist zu risikofreudig oder zu risikoavers, verschwendet Ressourcen und genießt seine Vorteile. Beim so genannten *consumption on the job* werden Ressourcen des Arbeitgebers (zum Beispiel das Internet) vom Arbeitnehmer für private Zwecke genutzt. Eine weitere Form des *moral hazards* ist das *hold-up (Raubüberfall)*. Hier besteht die Gefahr, dass

> „die Unternehmung sich auch bei nicht existenzbedrohenden finanziellen Rückschlägen opportunistisch verhält, sie [die Stakeholder] ihrer Quasirenten beraubt und ihnen zugesagte, aber nicht durchsetzbare Ansprüche zur kurzfristigen Ergebnisglättung – etwa aufgrund des starken Kapitalmarktdruckes – nicht erfüllt oder auf Investitionen in das Organizational Capital verzichtet." (Wentges 2002, 160)

Die Hold-up-Situation entsteht aufgrund der Faktorspezifizität von Transaktionen, auf die insbesondere Williamson hinweist. Unter Spezifität versteht Williamson (1989/1996) eine Kennzeichnung organisationsrelevanter Transaktionseigenschaften, nämlich die Bestimmungsgröße einer wirtschaftlichen Abhängigkeit.

> "Asset specificity has reference to the degree to which an asset can be redeployed to alternative uses and by alternative users without sacrifice of productive value. This has a relation to the notion of sunk cost" (59).

Um diesem entgegenzuwirken richtet der Prinzipal Monitoring-Systeme ein.[26] Am einschlägigsten in Deutschland ist der Aufsichtsrat als Gremium zu nennen, der genau diese Funktion übernehmen soll. Rappaport nennt vier Einflussfaktoren, die opportunistischem Verhalten genuin aus der Agency-Theorie entgegenstehen (vgl. Rappaport 1986, 6ff.):

1. Besitz bedeutsamer Unternehmensbeteiligungen,

2. Verknüpfung der Managerentlohnung mit der Entwicklung der Eigentümerrenditen,

3. Bedrohung durch eine (feindliche) Übernahme und einer damit verbundenen Entlassung des Managements und

4. Arbeitsmarkt für Führungskräfte.

Neben den genannten Ex-post-Informationsasymmetrien gibt es zweitens auch so genannte Ex-ante-Informationsasymmetrien, also ein Prinzipal-Agenten-Problem *vor* Vertragsabschluss. Oftmals sind bestimmte Eigenschaften eines Produktes nicht bekannt. Dieser Fall wird auch als *hidden characteristics* oder *adverse Selektion* bezeichnet. Ein prominentes Beispiel ist die Negativauslese auf dem Gebrauchtwagenmarkt nach Akerlof (1970).[27]

Die oben genannten Agency-Probleme können durch drei Maßnahmen abgebaut werden (vgl. Göbel 2002, 110ff.):

1. Senkung der Informationsasymmetrien,

2. Harmonisierung der Ziele von Prinzipal und Agent sowie

3. Bildung von Vertrauen.

Es existieren je zwei Möglichkeiten, Informationsasymmetrien abzubauen: *Vor* Vertragsabschluss kann der Prinzipal über das so genannte *screening* das

---

[26] Hold-up-Phänomene entstehen sowohl auf der Agenten- wie auch auf der Prinzipalseite.

[27] Neben der Produktqualität werden im Rahmen von adverser Selektion auch andere Fälle untersucht wie z.B. *firm's output* (vgl. Diamond 1984), Wert von Aktien bei Neuemissionen (vgl. Myers/Majluf 1984) und die Unfallanfälligkeit beim Abschluss von Versicherungen (vgl. Rasmusen 1989). Aber auch bei der Einstellung eines Mitarbeiters oder beim Abschluss einer Versicherung können solche Phänomene auftreten.

Unternehmen ‚durchleuchten', er führt also z.B. Kontrollen durch; beim so genannten *signaling* gibt das Management (Agent) von sich aus ein Signal an den Prinzipal, entweder per Gesetz (z.B. Rechenschaftsberichte), freiwillig (z.B. ethische Selbstverpflichtungen) oder über eine Zwischenform (z.B. Deutscher Corporate Governance Kodex). *Nach* Vertragsabschluss können Informationsasymmetrien auf der Prinzipalseite über *monitoring* und auf der Agentenseite über *reporting* reduziert werden. Die Kontrolle über die Stimmrechtsausübung des Aktionärs, die Kontrolle durch die Kapital- und Produktmärkte (Übernahmen und Entlassung des Managements, Markt für Unternehmenskontrolle), die Kontrolle durch Arbeits- und Managermärkte oder die Kontrolle durch Haftung wären weitere Kontrollmaßnahmen (vgl. Witt 2002, 47ff.). Für das *monitoring* muss der Prinzipal in der Regel Geld investieren, was wiederum seinen *return* – und ihm allein steht der Theorie folgend das Residuum zu – reduziert. Corporate Governance ist daher eine Form der effizienten und im Interesse des Aktionärs erfolgenden Führung und Aufsicht von Unternehmen, der Corporate Governance Kodex eine Signaling-Variante, bei der Unternehmen nach § 161 AktG auf der Hauptversammlung mehr oder weniger freiwillig (Comply-Or-Explain-Regel) über ihre obersten Führungs- und Aufsichtsprinzipien Rechenschaft ablegen. Eine weitere Möglichkeit wäre die Harmonisierung von Prinzipal- und Agenteninteresse, z. B. durch avancierte Formen der Entlohnungs- und Anreizsysteme wie die Entlohnung über Aktien oder Optionen.[28] Schließlich kann er Reputationskapital aufbauen und in vertrauensstabilisierende Maßnahmen investieren. Zentral für die Prinzipal-Agenten-Theorie sind die so genannten *agency costs*. Jensen/Meckling (1976) geben hier eine erste Orientierung. Danach werden folgende drei Bereiche unterschieden (vgl. Jensen/Meckling 1976, 308ff. sowie Fama/Jensen 1983, 327):

1. *Monitoring costs/expenditures (Überwachungskosten)*: Kosten auf Seiten des Prinzipals für die Kontrolle des Agenten (z.B. Kosten beim Vertragsabschluss, Überwachung der Vertragsausführung).

2. *Bonding costs/expenditures (Kautionskosten)*: Kosten auf Seiten des Agenten für die Gewährleistung seiner Leistung (z.B. Rechnungslegung).

---

[28] Vgl. aus der Fülle an Literatur Kürsten (2002).

3. *Residual loss (Residualverlust, verbleibender Verlust)*: Monetärer Verlust auf Seiten des Prinzipals durch das Nichterreichen einer First-Best-Lösung auf Seiten des Agenten.[29]

Dieser Residualverlust stellt das Risiko des Prinzipals dar und bildet die zentrale klassische Legitimationsgrundlage für die Ausrichtung des Agenten auf die Prinzipalinteressen. Geht man davon aus, dass lediglich der Aktionär ein residuales Risiko übernimmt, so ergibt sich zwangsläufig:

"In exchange for bearing the residual risk of the corporation, shareholders acquire a permanent, proportional participation in its profits (via dividends), its prospects (via capital gains) and its control (via voting rights and approval of directors)" (Sternberg 1992, 192).

4. Spezifische Investitionen des Mitarbeiters

Nun möchte ich mich im Weiteren genau gegen diese Position stellen, indem ich die folgende These aufstelle: *Neben dem Aktionär tragen auch andere Anspruchsgruppen, insbesondere Mitarbeiter, ein Risiko der Residualerträge.* Mitarbeiter haben zwar Verträge mit dem Unternehmen geschlossen, werden jedoch nicht ausschließlich über ihren Lohn bzw. ihr Gehalt, also über explizite Verträge, kompensiert.

Mitarbeiter sind Anspruchsgruppen, die hohe unternehmensspezifische Investitionen getätigt haben. Dies sind *versunkene Kosten (sunk costs)*, also Kosten, die einmal eingesetzt nur mit hohem Wertverlust alternativ reinvestiert werden können. Tätigt ein Mitarbeiter eine spezifische Investition, erzielt er im Vergleich zur zweitbesten Alternative (z.B. einer anderen Beschäftigung) eine *Quasirente*. Er ist *locked-in*, da er – bei Nichterfüllung des Vertrages durch seinen Vertragspartner – seine Quasirente verliert. Damit trägt er das Risiko der Kosten für die zweitbeste Alternative in Höhe der Quasirente. Der Mitarbeiter-*Return* ergibt sich daher sowohl aus

---

[29] Schneider (1993, 264) bestimmt den Residualverlust wie folgt: „[I]n Geld bewerteter Nutzen, den die Handlungen des Beauftragten dem Auftraggeber tatsächlich erbracht haben, abzüglich dem in Geld bewerteten Nutzen jener Handlungen, die den Nutzen des Auftraggebers maximiert hätten (residual loss)."

den expliziten als auch aus den impliziten Verträgen aufgrund deren Unvollständigkeit und hohen Spezifität.

Sicherlich bleibt die Frage zu klären, wie man die spezifischen Investitionen errechnet. Außerdem variiert die Spezifität der Investition in Abhängigkeit von der Situation des Umfeldes. Hat ein Mitarbeiter spezifische Fähigkeiten oder ein spezifisches Know-how – nehmen wir an, er kann eine Spezialmaschine bedienen oder er erbringt eine ganz spezielle Dienstleistung –, dann hat er hohe spezifische Investitionen vorgenommen, wenn er bei einem Unternehmen beschäftigt ist, das diese eine spezielle Maschine besitzt bzw. diese einzigartige Dienstleistung anbietet. Nehmen wir weiter an, es handelt sich bei diesem Unternehmen um ein junges Start-up-Unternehmen. Ist die Idee erfolgreich, werden Nachahmer zeitnah auf den Markt kommen: Spezifische Investitionen und Quasirente reduzieren sich für den Mitarbeiter, da er seine Fähigkeiten bzw. sein Know-how auch anderweitig einbringen kann.

Dieser Gedanke ist anschlussfähig an Überlegungen wie sie sich etwa bei Soppe (2008) finden. Der Autor untersucht den *expected payoff* der Mitarbeiter in Abhängigkeit von der Profitabilität des Unternehmens. Dabei kommt er zu dem Ergebnis, dass das (residuale) Risiko des Mitarbeiters unter allen Stakeholdern am höchsten ist.

> "The downside risk of the employee is considered the most severe of all stakeholders. Because of long term education and long term fixed contracts, employees have a vulnerable bargaining position in the sticky labour market. Most important is the fact that employees cannot easily diversify their labour contracts. This makes the individual employee the most vulnerable party in this stakeholder's approach of the market economy" (218).

Implizite Verträge werden in Zukunft für Mitarbeiter zunehmende Bedeutung erlangen, da aufgrund der fortschreitenden Arbeitsteilung – trotz Zunahme an Weiterbildungs- und Beschäftigungsmaßnahmen – die Spezifität für den Einzelnen in einer arbeitsteiligen Wirtschaft zunehmen wird. Für den Mitarbeiter ergibt sich nunmehr ein mehrfaches Risiko:

1. hängt sein *return* (also die Erfüllung der expliziten[30] und impliziten Verträge) von der wirtschaftlichen Situation des Unternehmens ab,
2. besteht aufgrund der Hold-up-Situation die Gefahr, dass das Management sich opportunistisch verhält,
3. können Mitarbeiter aufgrund der hohen Spezifität nicht diversifizieren und
4. sind sie in der Regel voll investiert.

Ähnlich argumentiert Jansson (2005) in Anlehnung an Prahalad (1997), dass Unternehmen maßgeblich vom Know-how ihrer Mitarbeiter abhängen und Mitarbeiter häufig spezifische Investitionen tätigen. Hier deutet sich an – ähnlich wie bei Hold-up-Szenarien im Allgemeinen –, dass Chance und Risiko von *asset specificities* auf beiden Seiten liegen. Es obliegt somit der Verantwortung des Managers, den Mitarbeiter zu motivieren, seine spezifischen Investitionen einzusetzen, ferner ihn nicht auszubeuten bzw. seine Hold-up-Abhängigkeit nicht auszunutzen. Vor einem solchen Hintergrund ist das Halten von impliziten Versprechen zentral. Quasirenten stellen also eine Verbindung her zwischen der Spezifität auf der einen und dem Opportunismus auf der anderen Seite. Die Spezifität führt zu einer ökonomischen Abhängigkeit, die über Opportunismus ausgebeutet werden kann.

"After a specific investment is made and (...) quasi rents are created, the possibility of opportunistic behavior is very real" (Klein et al. 1978, 298).

Der Mitarbeiter könnte nunmehr diese opportunistische Gefahr seitens des Managements antizipieren und versuchen, sich vertraglich dagegen abzusichern oder eine Risikoprämie dafür zu verlangen. Aufgrund seiner begrenzten Rationalität ist eine vertragliche Ex-ante-Absicherung jedoch kaum möglich. Eine Ex-post-Kompensation würde zu einer Neuverhandlung impliziter Verträge führen. Alternativ könnte der Mitarbeiter

---

[30] Auch die Einhaltung der expliziten Verträge ist nicht gewährleistet, nämlich genau dann nicht, wenn z.B. im Konkursfall auf Basis vertraglicher oder gesetzlicher Rahmenbedingungen diese nicht oder nicht vollständig erfüllt werden können (vgl. z.B. Shapiro/ Titman 1985, 42ff. bzw. Pritsch/Hommel 1997, 673). Zur Berechnung dieser Risikoprämien vgl. u.a. Wentges 2002, 162f.

Governance-Systeme einfordern, die opportunistisches Verhalten verringert. Das spezifische Risiko des Mitarbeiters würde sinken, das Management hätte folglich geringere Kompensationszahlungen an den Mitarbeiter zu leisten. Governance in einem solchen Verständnis betont also die Idee, die *institutional arrangements* so auszugestalten, dass Anreize für opportunistisches Verhalten beim Management verhindert werden. Dies alles hat Auswirkungen auf den Residualgewinn. Die Unterschiede bezüglich des Risikos zwischen Aktionär und Mitarbeiter sind in Abbildung 2 dargestellt.

So gilt für ein managergeführtes Unternehmen, dass das (residuale) Risiko nicht nur beim Aktionär, sondern auch beim Mitarbeiter liegt. Das gesamte (residuale) Risiko liegt weder beim Entscheider noch beim Eigentümer eines Unternehmens (dies fällt in einigen Fällen zusammen). Das Risiko der Residualerträge, das aufgrund spezifischer Investitionen entsteht, gilt als Legitimationsgrundlage für Residualansprüche und fordert damit eine stärkere Ausrichtung der Unternehmensführung auf genau jene Interessengruppen, die ein spezifisches Risiko tragen. Eine ethische Rechtfertigung lässt sich über die spezifischen Investitionen herleiten. Wenn das Management entsprechende Governance-Systeme einrichtet, die das Residualrisiko des Mitarbeiters senken, erhöht sich der Residualgewinn, sofern die Kosten der Gestaltung des Governance-Systems den in Werteinheiten gemessenen zusätzlichen Nutzengewinn für den Mitarbeiter nicht übersteigen.

Abbildung 2: Risikovergleich von Aktionär und Mitarbeiter

Risiko	Aktionär	Mitarbeiter
Diversifizierung	Ja	Nein (Humankapital nicht diversifizierbar, selten: Mehrfachbeschäftigungen)
Investitionstyp	Geld	Zeit und Arbeit
Investitionsmenge	Meist teilinvestiert (mit Geld, das nicht unbedingt kurzfristig benötigt wird)	Meist vollinvestiert (geringeres Risiko bei Teilzeitarbeit)
Risikoart	Materieller Verlust (Totalverlust bei Konkurs oder aber z.B. Derivaten)	Totalverlust (seltener: Arbeitszeitverkürzung etc.)
Sicherheit	Investitionsrisiko	Explizite Verträge i.d.R. gesichert, implizite Verträge risikoreich

Quelle: eigene Darstellung

5. Stakeholdermanagement und Agency-Theorie

Im vorliegenden Beitrag wurde zunächst eine recht enge Interpretation der Corporate Governance gewählt. Mit Hilfe des *Risikos* konnte aus der Agency-Theorie der Mitarbeiter aufgrund seiner spezifischen Investitionen als weiterer zentraler Stakeholder identifiziert werden. Ähnliche Überlegungen könnte man nunmehr auch für andere Stakeholdergruppen anstellen und damit den Ansatz zu einer *Stakeholder-Agency-Theorie* mit Fokus auf die spezifischen Investitionen ausdehnen.

Die Frage, die sich dabei zunächst stellt, ist, ob sich die Prinzipal-Agenten-Probleme nicht gerade durch die Erweiterung der Perspektive verschärfen und der Managementauftrag unpräzise, gar diffus wird:

> "(...) if we broaden managerial responsibility in order to include extensive responsibilities to various other stakeholder groups, we may seriously exacerbate these agency problems, making it even more difficult to impose effective discipline upon managers" (Heath/Norman 2004, 247).

Die Argumentation ist die folgende: Wenn schon das ursprüngliche Prinzipal-Agenten-Problem kaum oder nur unter komplexen Monitoring-Systemen zu lösen ist, wie soll es sich dann erst entwickeln, wenn das Beziehungsgeflecht auf andere Anspruchsgruppen ausgeweitet wird? Agenturprobleme dürften z.b. auch zwischen Management und Mitarbeitern bzw. zwischen Management und Kunden auftreten.

Auf der anderen Seite könnte man aber entgegensetzen, je mehr Ansprüche das Management zu erfüllen hat, umso mehr Anspruchsgruppen wirken in diesem Netzwerk kontrollierend mit. Dies wird auch meine These sein: Durch eine *Weiterfassung* des Corporate Governance-Begriffs wird mehr *Präzision* in die Diskussion gebracht.

Mitarbeiter verfügen z. B. über bessere Monitoring-Möglichkeiten als Aktionäre, nicht nur weil sie in Deutschland in den Aufsichtsräten sitzen und eine starke Mitbestimmung haben. Auch die Kunden können – wenn sie geschlossen auftreten – die Öffentlichkeit mobilisieren und kritisch auf die Unternehmensführung einwirken. Vertritt man eine solche Position, könnte sich die Governance durch eine Ausweitung der Agency-Theorie sogar verbessern. Zwei Dinge lassen sich festhalten:

1. Das Prinzipal-Agenten-Problem *kann* in komplexen Organisationen (Netzwerke, Global Companies) kaum gelöst werden. Die spezifischen Investitionen der Stakeholder sind sehr hoch. Hier spielen dynamische und schwer kontrollierbare Aspekte eine zentrale Rolle.

2. Das Prinzipal-Agenten-Problem *braucht* in komplexen Organisationen (Netzwerke, Global Companies) *nicht* gelöst zu werden. Netzwerke entwickeln eine Form der *self-governance*. Daher sind Corporate-Governance-Mechanismen wie Kodizes von entscheidender Bedeutung.

Wie soll das Management nun handeln? Zunächst sind die expliziten Verträge zu erfüllen sowie zeitgleich die impliziten Verträge, die sich aus den spezifischen Investitionen der Anspruchsgruppen ergeben. *Spezifität ist eine moralische Legitimationsgrundlage für Anspruchsgruppen.* Dies bedeutet zwangsläufig, dass sich das Residuum weiter reduziert (zur Erinnerung: Bei der traditionellen Agency-Cost-Berechnung entstand das Residuum nach Abzug von *monitoring* und *bonding costs* und der Befriedigung von expliziten Verträgen).[31] Bezüglich des ersten Schrittes könnte man sogar von einer *moralischen Verpflichtung der Unternehmensführung* sprechen. In einem zweiten Schritt kann das Management dann über eine weitere Form der Verteilung nachdenken – hier lassen sich durchaus andere Kriterien wie z. B. Bedürftigkeit oder Wohltätigkeit anbringen.

Unterstützung würde man im Ansatz von Jensen/Meckling (1976) finden. Sie leiten aus der Idee von Alchian/Demsetz (1972) ab, Unternehmen als Netzwerke bilateraler Verträge (*nexus of contracts*) zu betrachten, und beziehen auch andere Anspruchsgruppen explizit als Vertragspartner ein.[32] Auch Hill/Jones (1992) stärken eine solche Position:

"[E]ach stakeholder is a part of the nexus of implicit and explicit contract that constitutes the firm" (134).

Demnach kann das Unternehmen als *Netzwerk spezifischer Investitionen* betrachtet werden und der Erfolg des Netzwerkes als Summe der den Anspruchsgruppen, also den spezifischen Investoren, zurückfließenden Renten. Dieses Netzwerk regelt ökonomische Transaktionen von Gütern und Dienstleistungen über Hierarchien transaktionskostenoptimal (vgl. Williamson 1985). Die Zunahme an *spezifischen Investitionen* führt zu einer „fundamentale(n) Transformation der Verhandlungssituation" (Pies 2001, 10).[33]

---

[31] Eine Ausnahme wäre gegeben, wenn die Spezifität verringert wird, z. B. weil es neue, alternative Jobangebote für einen Mitarbeiter gibt.

[32] Vgl. Jensen/Meckling (1976, 310) sowie Fama (1980, 290) und Hill/Jones (1992) sowie Boatright (2002).

[33] Vgl. zur Neuverhandlung impliziter Verträge auch Brink/Karitzki (2003).

Corporate Governance wäre vor einem solchen Hintergrund umfassender zu definieren.[34] So schreibt etwa Schmidt (1997):

> "Corporate Governance is the totality of the institutional and organizational mechanisms, and the corresponding decision-making, intervention and control rights, which serve to resolve conflicts of interest between the various groups which have a stake in a firm and which, either in isolation or in their interaction, determine how important decisions are taken in a firm, and ultimately also determine which decisions are taken" (2).

Diese Position ist jedoch nicht nur in Deutschland verbreitet, sondern findet sich auch in amerikanischen Ansätzen.[35] Auch Wieland (2005) betont die normative Dimension an zwei Stellen:

> "In this context, governance is defined as a company's resources and capabilities, including the moral resources, to take on responsibility for all its stakeholders" (74).

> "I define corporate governance as leadership, management, and control of a firm by formal and informal, public and private rules." (76)

Die Rekonstruktion der Corporate Governance ist stark vertraglich geprägt und damit ein eher *korrektiv-steuerndes* Phänomen. Hier wird es von Nöten sein, aufgrund von Komplexitätszunahmen und Netzwerkorganisationstendenzen weniger *restriktive* als vielmehr *ermöglichende* Aspekte stark zu machen: eine Art *Selbststeuerung von Netzwerken*. Damit wird ein Argument aktiviert, das Williamson in Anlehnung an Chester Barnard (1938) anführt, nämlich, Governance nicht als Macht-, sondern als Konsenskomponente zu interpretieren. Firmeninterne Hierarchie resultiert aus einem gegenseitigen Einverständnis auf Basis eines freiwillig geschlossenen Vertrages. Für seinen Arbeitseinsatz und für die ‚Zumutung' der Hierarchie bzw. Weisung bekommt der Mitarbeiter eine

---

[34] Auf die Einbeziehung sämtlicher Interessengruppen in die Corporate Governance habe ich an verschiedenen Stellen selbst verwiesen (vgl. Brink 2000, 2002 und Brink/ Karitzki 2003).

[35] Vgl. grundsätzlich Freeman (1984, 2004), in Bezug zur Corporate Governance etwa Autoren wie Turnbull (1997), Schmidt (1997), Monks/Minow (1995), Demb/Neubauer (1992), Tricker (1994) oder Donaldson/Preston (1995).

Entlohnung: "(...) authority rest[s] on the acceptance or consent of subordinates" (Williamson 1990/1996, 31, zitiert nach Pies 2001, 98). Hier kommen neuere Leadership-Konzeptionen in den Blick, auf die ich allerdings an dieser Stelle nicht weiter eingehen möchte.

Werden diese spezifischen Investitionen auf der Managementseite berücksichtigt, so bedeutet das zum einen, dass Manager Mitarbeitern für ihre spezifischen Investitionen einen Ausgleich zahlen müssen, auf der anderen Seite können sie den Wert der Quasirente aber auch im Unternehmenswert abbilden. Treten nun neue Konkurrenten auf, dann sinken die spezifischen Investitionen des Mitarbeiters, damit aber auch sowohl die Kosten des Unternehmens für die Mitarbeiter als auch der Unternehmenswert selbst. Folglich gibt es einen Wettbewerb um spezifische Investitionen, solange die Kosten für die Mitarbeiterkompensation unter den Unternehmenswertzuwächsen bleiben. Gleiches gilt, wenn das Unternehmen die Mitarbeiter weiterbildet und deren *employability*, also deren Beschäftigungsfähigkeit, gewährleistet. Aufgrund der reduzierten Quasirente braucht das Unternehmen dann nur weniger an den Mitarbeiter zu zahlen, ohne dass der Unternehmenswert sinkt.

Spezifische Investitionen stellen also Chance und Risiko auf beiden Seiten, der Prinzipal- und der Agentenseite, dar. Es besteht ein Anreiz die spezifischen Investitionen möglichst hoch zu halten: Der Mitarbeiter bekommt mehr Geld; der Manager/Aktionär einen höheren Unternehmenswert. Auf der anderen Seite haben beide Seiten ein Risiko: Der Mitarbeiter hat gegebenenfalls versunkene Kosten und setzt sich möglicherweise einer Hold-up-Situation aus; der Manager/Aktionär muss eine höhere Entlohnung vorhalten. Selbstverständlich müssen spezifische Investitionswerte in regelmäßigen Abständen überprüft und angepasst werden.

Mitarbeiter sind demnach nicht nur *Kostenfaktor*, sondern v.a. *Vermögenswert* für das Unternehmen. Soziale Bindungen, die zwischen Anspruchsgruppen und dem Management, aber auch zwischen den Anspruchsgruppen selbst bestehen, generieren Unternehmenswert. Außerdem können Agenturkosten reduziert werden: Sowohl die *bonding costs* als auch die *monitoring costs* werden durch eine stärkere Einbindung des Mitarbeiters (aber auch anderer Stakeholder) und durch das dadurch gewachsene Vertrauen reduziert, aber auch kostenintensive *agency conflicts* werden abnehmen.

"Equal Distribution of the ownership rights in the company may lower agency conflicts and hence reduce transaction costs" (Soppe 2008, 221).

Diese Interpretation erklärt *moralisches Verhalten aus der ökonomischen Theorie*. Eine solche Verbindung der Agency-Theorie mit dem Stakeholdermanagement ermöglicht eine ökonomische und ethische Rekonstruktion in einem umfassenden Führungskonzept. Ob dem Management bzw. dem Unternehmen darüber hinaus noch eine moralische Verantwortung erwächst, soll hier zunächst keine Rolle spielen. Demnach sind auch Fragestellungen irrelevant, ob z.B. nicht der Aktionär als Prinzipal soziale Verantwortung zu übernehmen hat (also das Residuum dann sozial reinvestiert) oder aber der Aktionär als Prinzipal das Management explizit beauftragen muss, sich sozial zu engagieren. Im vorliegenden Artikel ergibt sich die soziale Verantwortung aus der Möglichkeit, komplexe Unternehmen als Netzwerke von expliziten und impliziten Stakeholderansprüchen zu begreifen.

Damit konnten die ökonomischen Grundlagen einer normativen Corporate Governance deutlich gemacht werden. Die Neue Institutionenökonomik ist auch an das Stakeholdermanagement anschlussfähig und das Stakeholdermanagement wiederum an das Shareholder-Value-Konzept. Somit kann die Corporate Governance normativ erweitert werden, ohne ihren ökonomischen Kern, das Prinzipal-Agenten-Problem, prinzipiell aufgeben zu müssen; im Gegenteil: Sie gewinnt durch eine Erweiterung ihrer Anspruchsgruppen an Schärfe. Wielands (2005) Position wäre demnach – zumindest in dieser Sache – nicht zuzustimmen, wenn er von einem "inadequate and not very fruitful reductionism of agency theory" (88) spricht:

> "Corporate governance codes that focus exclusively on the agency problem and pursue the maximization model [shareholder-value-model] offer no entry points whatsoever for a dimension of business ethics that goes beyond the honoring of contracts on the part of the managers" (87).

Genau das Gegenteil ist der Fall. Wir können gerade – ausgehend vom Prinzipal-Agenten-Problem – diese normative Notwendigkeit deutlich machen und zugleich einlösen. Durch ein erweitertes Prinzipal-Agenten-

Verhältnis auf Basis eines Stakeholder-Netzwerkes (*nexus of contracts*) wäre dies denkbar (vgl. Cornell/Shapiro 1987, Hill/Jones 1992 und Hill 1996). Mit Zingales lässt sich Corporate Governance damit umfassend definieren als "(...) the complex set of constraints that shape the ex post bargaining over the quasi-rents generated by a firm" (Zingales 1998, 498).

6. Zusammenfassung und Ausblick

Die Wirtschafts- und Unternehmensethik ist ein wesentlicher Werttreiber zur Generierung von Quasirenten. Das Halten von Versprechen und von impliziten Verträgen, die Verhinderung von Hold-up-Situationen und die Verringerung von Informationsasymmetrien (und damit von *moral hazard*) ist nur über Transparenz, Vertrauen und Integrität – besser: über faire und gerechte *governance structures* – zu gewährleisten. Begreift man das Unternehmen als ein Netzwerk von Verträgen müssen auch die spezifischen Investitionen seiner Stakeholder im Unternehmenswert abgebildet werden. Eine institutionenökonomische Rekonstruktion von Corporate Governance lässt genug Raum für Ethik.[36] Die Shareholder-Value-Forschung hat diese Dimension bislang nicht berücksichtigt. Der voranstehende Beitrag sollte diesbezüglich einige Forschungsimpulse geben.

Literatur

Akerlof, G. A. (1970): The Market for "Lemons": Quality Uncertainty and the Market Mechanism, in: Quarterly Journal of Economics, 84(3), S. 488-500

Alchian, A. A., Demsetz, H. (1972): Production, Information Costs, and Economic Organization, in: American Economic Review, 62(5), S. 777-795

---

[36] Vgl. grundlegend zur Verbindung von Corporate Governance und Ethik Arthur (1987), Francis (2000), Harbeson et al. (1994), Sama/Shoaf (2005) sowie Wieland (1999 und 2000).

Arthur, E. (1987): The Ethics of Corporate Governance, in: Journal of Business Ethics, 6(1), S. 59-70

Aspromourgos, T. (1996): Neoclassical, in: Eatwell, J.; Milgate, M., Newman, P. (Hrsg.): The New Palgrave: A Dictionary of Economics, London et al.: Macmillan, S. 625

Axelrod, R. (1984): The Evolution of Cooperation, New York, NY: Basic Books

Bamberg, G., Spremann, K. (1987): Agency Theory, Information, and Incentives, Berlin et al.: Springer

Barnard, Ch.I. (1938): The Functions of the Executive, Cambridge, MA: Harvard University Press

Berle, A. A., Means, G.C. (1932): The Modern Corporation and Private Property, New York, NY: Macmillan

Blair, M. M. (1995): Ownership and Control: Rethinking Corporate Governance for the Twenty-First Century, Washington, D. C.: The Brookings Institution

Blair, M. M., Stout, L. (1999): A Team Production Theory of Corporate Law, in: Virginia Law Review, 85(2), S. 247-328

Boatright, J. R. (2002): Contractors as Stakeholders: Reconciling Stakeholder Theory with the Nexus-of-Contracts Firm, in: Journal of Banking and Finance, 26(9), S. 1837-1852

Brink, A. (2000): Holistisches Shareholder-Value-Management. Eine regulative Idee für globales Management in ethischer Verantwortung, München et al.: Hampp

Brink, A. (2002): VBR – Value-Based-Responsibility. Teil 1: Theoretischer Ansatz zur Integration ethischer Aspekte in die wertorientierte Unternehmensführung, München et al.: Hampp

Brink, A., Karitzki, O. (2003): How Can We Act Morally in Merger Processes? A Stimulation Based on Implicit Contracts, in: Journal of Business Ethics, 43(1/2), S. 137-152

Coase, R. H. (1937): The Nature of the Firm, in: Economica, 4(16), S. 386-405

Coase, R. H. (1960): The Problem of Social Cost, in: The Journal of Law and Economics, 3(1), S. 1-44

Commons, J. R. (1931): Institutional Economics, in: The American Economic Review, 21(4), S. 648-657

Cornell, B., Shapiro, A. C. (1987): Corporate Stakeholders and Corporate Finance, in: Financial Management, 16(1), S. 5-14

Davis, L. E., North, D. C. (1971): Institutional Change and American Economic Growth, Cambridge, MA: Cambridge University Press

Demb, A., Neubauer, F. F. (1992): The Corporate Board: Confronting the Paradoxes, in: Long Range Planning, 25(3), S. 9-20

Diamond, D. W. (1984): Financial Intermediation and Delegated Monitoring, in: Review of Economic Studies, 51(3), S. 393-414

Donaldson, Th., Preston, L. E. (1995): The Stakeholder Theory of the Corporation: Concepts, Evidence, and Implications, in: Academy of Management Review, 20(1), S. 65-91

Dufey, G., Hommel, U. (1997): Der Shareholder-Value-Ansatz: US-amerikanischer Kulturimport oder Diktat des globalen Marktes? Einige Überlegungen zur „Corporate Governance" in Deutschland, in: Engelhard, J. (Hrsg.): Interkulturelles Management, Wiesbaden: Gabler, S. 183-211

Eisenhardt, K. M. (1989): Agency Theory: An Assessment and Review, in: Academy of Management Review, 14(1), S. 57-74

Erlei, M., Leschke, M., Sauerland, D. (1999): Neue Institutionenökonomik, Stuttgart: Schäffer-Poeschel

Eurich, J., Brink, A. (2006): Vom Eigennutz zur Sinnsuche. Anmerkungen zum Modell des homo oeconomicus und Aspekte seiner Weiterentwicklung, in: Glaube und Lernen, 21(1), S. 58-71

Fama, E. F. (1980): Agency Problems and the Theory of the Firm, in: Journal of Political Economy, 88(2), S. 288-307

Fama, E. F., Jensen, M. C. (1983): Agency Problems and Residual Claims, in: Journal of Law and Economics, 26(2), S. 327-349

Francis, R. D. (2000): Ethics and Corporate Governance: An Australian Handbook, Sydney: University of New South Wales Press

Freeman, R. E. (1984): Strategic Management: A Stakeholder Approach, Boston, MA: Pitman

Freeman, R. E. (2004): The Stakeholder Approach Revisited, in: Zeitschrift für Wirtschafts- und Unternehmensethik, 5(3), S. 228-241

Furubotn, E. G., Richter, R. (2005): Institutions and Economic Theory. The Contribution of the New Institutional Economics, 2nd ed., Ann Arbor, MI: The University of Michigan Press

Ghoshal, S. (2005): Bad Management Theories are Destroying Good Management Practices, in: Academy of Management Learning & Education, 4(1), S. 75-91

Ghoshal, S., Moran, P. (1996): Bad for Practice: A Critique of the Transaction Cost Theory, in: Academy of Management Review, 21(1), S. 13-47

Göbel, E. (2002): Neue Institutionenökonomik. Konzeptionen und betriebswirtschaftliche Anwendungen, Stuttgart: Lucius & Lucius

Grossman, S., Hart, O. (1986): The Costs and Benefits of Ownership: A Theory of Vertical and Lateral Integration, in: Journal of Political Economy, 94(4), S. 691-719

Harbeson, J. W., Hopkins, R. F., Smith, D. G. (Hrsg.) (1994): Responsible Governance: The Global Challenge – Essays in Honor of Charles E. Gilbert, Lanham, MD: University Press of America

Hart, O. (1989): An Economist's Perspective on the Theory of the Firm, in: Columbia Law Review, 89(7), S. 1757-1774

Hart, O. (1995): Firms, Contracts, and Financial Structure, Oxford et al.: Oxford University Press

Hart, O., Moore, J. (1990): Property Rights and the Nature of the Firm, in: Journal of Political Economy, 98(6), S. 1119-1158

Heath, J., Norman, W. (2004): Stakeholder Theory, Corporate Governance and Public Management: What can the History of State-Run Enterprises Teach us in the Post-Enron Era?, in: Journal of Business Ethics, 53(3), S. 247-265

Hemel, U. (2005): Wert und Werte. Ethik für Manager – ein Leitfaden für die Praxis, München et al.: Hanser

Hill, W. (1996): Der Shareholder Value und die Stakeholder, in: Die Unternehmung, 50(6), S. 411-420

Hill, C. W. L., Jones, Th. M. (1992): Stakeholder-Agency Theory, in: Journal of Management Studies, 29(2), S. 131-154

Horsch, A., Meinhövel, H., Paul, S. (Hrsg.) (2005): Institutionenökonomie und Betriebswirtschaftslehre, München: Vahlen

Janisch, M. (1993): Das strategische Anspruchsgruppenmanagement: vom Shareholder Value zum Stakeholder Value, Bern et al.: Haupt

Jansson, E. (2005): The Stakeholder Model: The Influence of the Ownership and Governance Structures, in: Journal of Business Ethics, 56(1), S. 1-13

Jensen, M. C. (1983): Organization Theory and Methodology, in: Accounting Review, 58(2), S. 319-339

Jensen, M. C., Meckling, W.H. (1976): Theory of the Firm: Managerial Behavior, Agency Costs and Ownership Structure, in: Journal of Financial Economics, 3(4), S. 305-360

Jost, P.-J. (2001): Der Transaktionskostenansatz in der Betriebswirtschaftslehre, Stuttgart: Schäffer-Poeschel

Katterle, S. (1991): Methodologischer Individualismus und Beyond, in: Bievert, B., Held, M. (Hrsg.): Das Menschenbild der ökonomischen Theorie. Zur Natur des Menschen, Frankfurt/M. et al.: Campus, S. 132-152

Kay, J. (1996): The Business of Economics, Oxford et al.: Oxford University Press.

Kirchgässner, G. (1991): Homo Oeconomicus. Das ökonomische Modell individuellen Verhaltens und seine Anwendung in den Wirtschafts- und Sozialwissenschaften, Tübingen: Mohr

Klein, B., Crawford, R. G., Alchian, A. A. (1978): Vertical Integration, Appropriable Rents, and the Competitive Contracting Process, in: Journal of Law and Economics, 21(2), S. 297-326

Kürsten, W. (2002): Managerentlohnung, Risikopolitik und Stakeholder-Interessen – Eine theoretische Analyse der Konsequenzen von Aktienoptionsplänen, in: Nippa, M., Petzold, K., Kürsten, W. (Hrsg.): Corporate Governance. Herausforderungen und Lösungsansätze, Heidelberg: Physica-Verlag, S. 175-190

Küsters, E. A. [2001]: Corporate Governance im basalen Prozess der Organisation, Workshop der Kommission „Organisation" des Verbandes der Hochschullehrer für Betriebswirtschaft e.V. vom 1.-3. März 2001 in Lüneburg [unveröffentlicht]

Malik, F. (2002): Die Neue Corporate Governance. Richtiges Top-Management – Wirksame Unternehmensaufsicht, Frankfurt/M.: Frankfurter Allgemeine Zeitung-Verlag

Manstetten, R. (2002): Das Menschenbild der Ökonomie. Der homo oeconomicus und die Anthropologie von Adam Smith, Freiburg et al.: Alber

Monks, R. A. G., Minow, N. (1995): Corporate Governance, Cambridge, MA: Blackwell Business

Myers, S., Majluf, N. S. (1984): Corporate Financing and Investment Decisions when Firms have Information that Investors do not have, in: Journal of Financial Economics, 13(2), S. 187-221

Nalebuff, B., Brandenburger, A. (1996): Coopetition – kooperativ konkurrieren. Mit der Spieltheorie zum Unternehmenserfolg, Frankfurt/M. et al.: Campus

Nippa, M. (2002): Alternative Konzepte für eine effiziente Corporate Governance – Von Trugbildern, Machtansprüchen und vernachlässigten Ideen, in: Nippa, M., Petzold, K., Kürsten, W. (Hrsg.): Corporate Governance. Herausforderungen und Lösungsansätze, Heidelberg: Physica-Verlag, S. 3-40

Pies, I. (2001): Transaktion versus Interaktion, Spezifität versus Brisanz und die raison d'être korporativer Akteure – Zur konzeptionellen Neuausrichtung der Organisationsökonomik, in: Pies, I., Leschke, M. (Hrsg.): Oliver Williamsons Organisationsökonomik, Tübingen: Mohr, S. 95-119

Prahalad, C. K. (1997): Corporate Governance or Corporate Value Added? Rethinking the Primacy of Shareholder Value, in: Chew, D. (Hrsg.): Studies in International Corporate Finance and Governance Systems, New York: Oxford University Press, S. 46-56

Pratt, J. W., Zeckhauser, R.J. (1985): Principals and Agents: An Overview, in: Dies. (Hrsg.): Principals and Agents: the Structure of Business, Boston, MA: Harvard Business School Press, S. 1-35

Pritsch, G., Hommel, U. (1997): Hedging im Sinne des Aktionärs. Ökonomische Erklärungsansätze für das unternehmerische Risikomanagement, in: Die Betriebswirtschaft, 57(5), S. 672-693

Rappaport, A. (1986): Creating Shareholder Value: The New Standard for Business Performance, New York, NY: Free Press

Rasmusen, E. (1989): Games and Information, Oxford: Basil Blackwell

Ross, S. A. (1987): The Interrelations of Finance and Economics: Theoretical Perspectives, in: American Economic Review, 77(2), S. 29-34

Rousseau, D. M. (1995): Psychological Contracts in Organizations. Understanding Written and Unwritten Agreements, Thousand Oaks, CA: Sage

Sama, L. M., Shoaf, V. (2005): Reconciling Rules and Principles: An Ethics-Based Approach to Corporate Governance, in: Journal of Business Ethics, 58(1-3), S. 177-185

Schmidt, R. H. (1997): Corporate Governance: The Role of Other Constituencies. Working Paper Series: Finance and Accounting, Nr. 3, Frankfurt/M.: Johann Wolfgang Goethe-Universität

Schneider, D. (1993): Betriebswirtschaftslehre, Band 1: Grundlagen, München und Wien: Oldenbourg

Schüßler, R. (1990): Kooperation unter Egoisten: Vier Dilemmata, München: Oldenbourg

Shapiro, A. C., Titman, S. (1985): An Integrated Approach to Corporate Risk Management, in: Midland Corporate Finance Journal, 3(2), S. 41-56

Shleifer, A., Vishny, R.W. (1986): Large Shareholders and Corporate Control, in: Journal of Political Economy, 94(3), S. 461-488

Smith, A. (1776/1996): Der Wohlstand der Nationen. Eine Untersuchung seiner Natur und seiner Ursachen, herausgegeben und übersetzt von H. C. Recktenwald, München: Beck

Soppe, A. (2008): Sustainable Finance and the Stakeholder Equity Model, in: Cowton, Chr., Haase, M. (Hrsg.): Trends in Business and Economic Ethics, Berlin und Heidelberg: Springer, S. 199-228

Sternberg, E. (1992): The Responsible Shareholder, in: Business Ethics. A European Review, 1(3), S. 192-198

Stiglitz, J. (1989): Principal and Agent, in: Eatwell, J., Murray, M., Newman, P. (Hrsg.): The New Palgrave: Allocation, Information and Markets, London et al.: Macmillan, S. 241–253

Tricker, R. I. (1994): International Corporate Governance, Singapore: Simon & Schuster

Turnbull, S. (1997): Corporate Governance: Its Scope, Concerns and Theories, in: Corporate Governance: An International Review, 5(4), S. 180-205

Wentges, P. (2002): Corporate Governance und Stakeholder-Ansatz. Implikationen für die betriebliche Finanzwirtschaft, Wiesbaden: Deutscher Universitätsverlag

Wieland, J. (1999): Die Ethik der Governance, Marburg: Metropolis

Wieland, J. (2000): Corporate Governance und Unternehmensethik, in: Mittelstraß, J. (Hrsg.): Die Zukunft des Wissens, Berlin: Akademie Verlag, S. 430-440

Wieland, J. (2005): Corporate Governance, Values Management, and Standards – A European Perspective, in: Business & Society, 44(1), S. 74-93

Williamson, O. E. (1979): Transaction Cost Economics: the Governance of Contractual Relations, in: Journal of Law and Economics 22(2), S. 233-261

Williamson, O. E. (1984): Corporate Governance, in: Yale Law Journal, 93(7), S. 1197-1230

Williamson, O. E. (1985): The Economic Institutions of Capitalism: Firms, Markets, Relational Contracting, New York, NY: Free Press

Williamson, O. E. (1989/1996): Transaction Cost Economics, in: Ders. (Hrsg.): The Mechanisms of Governance, Oxford et al.: Oxford University Press, S. 54-87

Williamson, O. E. (1990/1996): Chester Barnard and the Incipient Science of Organization, in: Ders. (Hrsg.): The Mechanisms of Governance, Oxford et al.: Oxford University Press, S. 29-53

Williamson, O. E. (1998): Transaction Cost Economics: How it Works; Where it is Headed, in: De Economist, 146(1), S. 23-58

Witt, P. (2000): Corporate Governance im Wandel. Auswirkungen des Systemwettbewerbs auf deutsche Aktiengesellschaften, in: Zeitschrift für Führung + Organisation, 69(3), S. 159-163

Witt, P. (2002): Grundprobleme der Corporate Governance und international unterschiedliche Lösungsansätze, in: Nippa, M., Petzold, K., Kürsten, W. (Hrsg.): Corporate Governance. Herausforderungen und Lösungsansätze, Heidelberg: Physica-Verlag, S. 41-72

Zingales, L. (1998): Corporate Governance, in: Newman, P. (Hrsg.): The New Palgrave Dictionary of Economics and the Law, New York, NY: Macmillan, S. 497-503

Strategisches versus ethisches Stakeholdermanagement

Elisabeth Göbel

1. Unternehmensethik als Verantwortungsethik

Ich will zu Beginn kurz umreißen, was für mich Unternehmensethik bedeutet. Zunächst verstehe ich Wirtschafts- und Unternehmensethik als *angewandte Ethik*. Ausgangsdisziplin ist die Ethik als Wissenschaft, welche das menschliche Handeln unter der Differenz von gut/sittlich richtig und böse/sittlich falsch betrachtet.

Das Problemfeld der Ethik deckt sich grundsätzlich mit der Wirklichkeit des Menschen in der ganzen Komplexität seiner Existenz. Durch die Abgrenzung von Bereichsethiken versucht man die Komplexität zu reduzieren, um in diesen Bereichen zu konkreteren Aussagen zu kommen. Ethisch-normative Überlegungen ergeben allgemeine Beurteilungsmaßstäbe für das Gute und Richtige, die dann noch mit den spezifischen Gesetzlichkeiten eines bestimmten Sachbereiches zu vermitteln sind. Bei Unternehmensethik handelt es sich demnach um Ethik für die Institution Unternehmung bzw. die Tätigkeit der Unternehmensführung.

Die grundlegende ethisch-normative Forderung an die Unternehmung bzw. die in ihr tätigen Personen lautet meiner Meinung nach: Sie sollen Verantwortung übernehmen für die Folgen ihres Entscheidens und Handelns. Verantwortung bedeutet ganz allgemein: Eintreten(-müssen) eines Subjekts für ein Objekt (vgl. Fetzer 2004, 88). Als *Verantwortungssubjekt* gilt im Rahmen der Unternehmensethik das „belebte Relationssystem" Unternehmung (Fetzer 2004, 159). Das heißt, es sind einerseits bestimmte Menschen individuell verantwortlich, und zwar in ihren Rollen als Unternehmensmitglieder, also als Unternehmer, Manager oder Mitarbeiter. Aber auch der Unternehmung selbst wird eine institutionelle Verantwortung zugesprochen, weil sie eine ‚innere Struktur' aufweist, welche ihr eine gewisse stabile Identität verleiht und die Entscheidungen und Handlungen der in ihr wirkenden Akteure maßgeblich beeinflusst.

Doch wer oder was ist als *Verantwortungsobjekt* anzusehen? Für wen oder was hat die Unternehmung einzustehen? Schon aus der Formulierung ‚für wen oder was' ist zu ersehen, dass das Verantwortungsobjekt mehrdimensional bestimmt werden kann. Man kann einstehen für bestimmte Menschen (Adressaten der Verantwortung), für bestimmte Handlungen und Unterlassungen sowie die daraus erwachsenden Zustände, also die Folgen. Ein Unternehmen wird bspw. verantwortlich gemacht für Gesundheitsschäden (Folgen) bei den Mitarbeitern (Adressaten) aufgrund unzureichender Sicherheitsmaßnahmen in der Produktion (Unterlassung).

Bei der Diskussion um die Verantwortungsobjekte der Unternehmung bilden sich oft zwei Lager. Vertreter einer Shareholderorientierung stehen denen einer Stakeholderorientierung gegenüber.

2. Verantwortungsobjekte: Shareholder oder Stakeholder?

Nach dem Votum des einen Lagers sind die Unternehmen bzw. die Manager vor allem oder sogar ausschließlich für den Gewinn, die Rendite oder die Steigerung des Unternehmenswertes im Interesse der Unternehmenseigner verantwortlich. In den letzten Jahren ist besonders die Steigerung des Unternehmenswertes im Interesse der Aktionäre als Aufgabe und Verantwortung der Unternehmung (speziell der Aktiengesellschaft) herausgestellt worden. Man spricht vom *Shareholder Value-Konzept*. Der Wert eines Unternehmens bemisst sich nach dem (Markt-)Wert des Eigenkapitals, welcher wiederum maximal wird, wenn das Unternehmen langfristig seine Gewinne maximiert. Hinter dem Shareholder Value-Konzept steckt somit – ganz traditionell – die langfristige Gewinnmaximierung als unternehmerisches Oberziel (vgl. Baden 2001, 399).

Das andere Lager hält dagegen, die Unternehmung habe Verantwortung für alle Handlungsfolgen gegenüber den diversen Stakeholdern, bspw. neben den Eigentümern auch den Kunden, den Mitarbeitern, den Lieferanten, dem Staat. Das Verantwortungsobjekt wird also sowohl hinsichtlich der betrachteten Folgen als auch der Adressaten sehr viel breiter abgegrenzt. Das ist das *Stakeholder-Konzept*.

Kaum etwas hat die öffentliche Debatte über die Verantwortung der Unternehmen seit den 90er-Jahren so angeheizt wie die zunehmende Orientierung der großen Unternehmen am Unternehmenswert und damit an den finanziellen Interessen der Eigenkapitalgeber. Zunehmend scheinen die gesellschaftlich bedeutsamen Funktionen des Unternehmens der wirtschaftlichen Ertragslage untergeordnet zu werden. Als Indiz dafür gilt bspw. die häufig gegenläufige Entwicklung von Gewinnen/Aktienkursen und Beschäftigung (vgl. Laumer 1999, 14) in Zeiten hoher Arbeitslosigkeit. Die Kontroverse um die Unternehmensverantwortung spitzte sich im Verlauf dieser Debatte zu auf die Frage, ob man für den Shareholder Value-Ansatz oder für den Stakeholderansatz ist. Zugleich zeichnete sich in den Diskussionsbeiträgen aber auch die Möglichkeit ab, die beiden Lager miteinander zu versöhnen, und zwar über die These einer grundsätzlichen Harmonie zwischen Shareholder- und Stakeholderinteressen.

3. Harmonie zwischen Shareholder- und Stakeholderinteressen?

Grundlage für die Harmoniethese ist die Beobachtung, dass kein Unternehmen einen Gewinn oder einen Unternehmenswertzuwachs erzielen kann, ohne auf die Interessen der (zentralen) Stakeholder Rücksicht zu nehmen. Von einer hochkarätig besetzten, internationalen Diskussionsrunde von Spitzenmanagern wurde die „Stakeholder Symbiose" als entscheidender Schlüsselfaktor für Wachstum und Erfolg der Unternehmung herausgearbeitet (vgl. Stippel 1998, 14). Effektives Stakeholdermanagement, heißt es, ist ein geeignetes Mittel zur Erreichung von Markterfolg und letztlich finanziellem Erfolg (vgl. Post et al. 2002, 2).

Shareholder- und Stakeholder-Konzept werden also über folgende Argumentation verbunden:

> „Zur Maximierung des Unternehmenswertes ist das Management auf die Leistungen sämtlicher Anspruchsgruppen angewiesen. Das Ma-

nagement hat bei seinen Entscheidungen immer auch die Interessen der anderen Anspruchsgruppen in sein Kalkül einzubeziehen" (Baden 2001, 401).

Konkret sehen die Überlegungen für bestimmte Stakeholder etwa so aus (vgl. Post et al. 2002, 40, 46ff.; Stippel 1998, 14f.; Wentges 2000, 203ff.):

- Nimmt man den Mitarbeitern die Angst, setzt man sie nicht zu sehr unter Druck und spart man nicht mit Anerkennung, dann verbessern sich Arbeitsmotivation und Kreativität, die Kooperation wird leichter und das Akquisitionspotential der Unternehmung für gutes Personal steigt. Loyale Mitarbeiter neigen weniger zu Opportunismus und Drückebergerei und sind eher bereit, sich durch die Bildung von unternehmensspezifischem Humankapital an das Unternehmen zu binden.

- Bildet man mit den Lieferanten langfristige vertrauensvolle Beziehungen aus, dann lassen sie sich eher auf spezifische Investitionen ein, was wiederum zu Zeit- und Kostenersparnissen sowie Qualitätssteigerungen führt. Außerdem werden die Lieferanten dann weniger dazu neigen, eine Abhängigkeit des Kunden zur Erpressung besserer Konditionen auszunutzen.

- Hat sich das Unternehmen durch Verlässlichkeit und Fairness eine gute Reputation beim Kunden erarbeitet, dann kann es in Zukunft sehr viel leichter sogenannte Vertrauensgüter verkaufen. Außerdem verhalten sich die Kunden loyaler und sind eher willens, beim Design neuer Produkte und Dienstleistungen mitzuwirken.

- Die Vorteile guter Beziehungen zu den Standortkommunen und staatlichen Stellen können kaum überschätzt werden. Wird das Unternehmen als guter Bürger wahrgenommen, dann kann es sehr viel leichter eigene Anliegen durchsetzen, hat weniger mit öffentlicher Kritik und Gesetzesverschärfungen zu rechnen.

Damit scheint man die Kontroverse zwischen dem Shareholder- und dem Stakeholderlager elegant aus der Welt geschafft zu haben. Stakeholdermanagement ist integraler Teil eines wertorientierten Managements. Zugleich wirken Ethik und Ökonomik versöhnt, denn was erwerbswirtschaftlich effizient ist und zu einem maximalen Gewinn bzw. Unternehmenswert führt, stellt ja zugleich die Interessen der Stakeholder sicher. ‚Maximiere den Shareholder Value' (bzw. den Gewinn) wird so zum sittlichen Imperativ, weil „im Schlepptau, im Windschatten des individuellen Vorteilsstrebens" mehr Vorteile für alle produziert werden (vgl. Homann 2003, 17f.). Unschwer ist in dieser Argumentation die alte These von der unsichtbaren Hand des Marktes zu erkennen, die den individuellen Eigennutz in das Gemeinwohl transformiert.

Während die prinzipielle Entgegensetzung von Shareholder- und Stakeholdermanagement damit tatsächlich aufgehoben ist, muss man, was die Versöhnung von Ethik und Ökonomik betrifft, meines Erachtens skeptisch bleiben. Es stehen sich nämlich jetzt nicht mehr Shareholder- und Stakeholdermanagement, sondern zwei Arten von Stakeholdermanagement gegenüber: Ein rein strategisches Anspruchsgruppenmanagement und ein ethisch motiviertes Stakeholdermanagement. In ähnlicher Weise unterscheidet Diane Swanson (vgl. 1995, 43) eine ökonomische und eine pflichtenbasierte Perspektive in der ‚Business and Society'-Forschung. Andere differenzieren in eine instrumentale und eine normative Stakeholdertheorie (vgl. Jones/Wicks 1999, 206). Ethisches (normatives, pflichtenbasiertes) und strategisches (instrumentales, ökonomisches) Stakeholdermanagement weisen zwar eine gemeinsame Schnittstelle auf, sind aber keineswegs deckungsgleich, wie nun genauer ausgeführt werden soll.

4. Unterschiede zwischen einem strategischen und einem ethischen Stakeholdermanagement

4.1 Dominanz der Eigentümerinteressen versus prinzipielle Gleichberechtigung der Stakeholder

Beim strategischen Anspruchsgruppenmanagement werden die Interessen einer Gruppe, nämlich die der Kapitaleigner, systematisch vorgezogen. Die anderen Gruppen werden im Hinblick auf die Kapitaleignerinteressen instrumentalisiert. Die Analyse der Stakeholderanliegen sowie die Reaktion darauf dienen dazu, ökonomische Chancen wahrzunehmen oder

Risiken rechtzeitig abzuwehren, mit dem Endziel des finanziellen Erfolgs (vgl. Post et al. 2002, 2). Kernaufgabe der Unternehmung bleibt die Erhöhung des Unternehmenswertes, Mittel dazu ist ein effizientes Management von Stakeholderinteressen (vgl. Schaltegger 1999, 17).

Die Denkweise kommt bspw. in Managementmodellen wie dem EFQM-Modell (European Foundation for Quality Management) oder der Balanced Scorecard gut zum Ausdruck. In beiden Modellen wird die Kunden- und Mitarbeiterorientierung als wichtig erachtet, das letztlich intendierte Ziel ist aber die Erwirtschaftung eines finanziellen Überschusses für die Eigentümer.

Zur *Kundenorientierung*: Aus dem Oberziel Rendite oder auch Shareholder Value leitet man ab, dass man die Bedürfnisse der Kunden erfüllen muss. Wie schon von Wilhelm Rieger in seiner „Einführung in die Privatwirtschaftslehre" (erste Auflage 1928) herausgestellt wurde, ist die Bedürfnisbefriedigung nur ein abgeleitetes, kein originäres Ziel der Unternehmung. Der Zweck von Unternehmen ist die Erwirtschaftung von Geldeinkommen, die Versorgung der Konsumenten erfolgt quasi notgedrungen, weil sie „im Verfolg ihres Strebens nach Gewinn den Markt versorgen" müssen (Rieger 1959, 47). Die Kundenorientierung ist dazu da, wie Klaus Backhaus es ausdrückt, um „Zahlungsbereitschaft abzugreifen" (1998, 141). Sie ist Mittel zum Zweck.

Zur *Mitarbeiterorientierung*: Das gleiche Zweck-Mittel-Denken gilt auch für die Mitarbeiterorientierung. Die Unternehmung als erwerbswirtschaftliche Institution interessiert beispielsweise die Zufriedenheit der Mitarbeiter nur insoweit, wie diese zu mehr Leistungsbereitschaft, mehr Kreativität und/oder mehr Kundenorientierung führt und so letztlich zu einem besseren finanziellen Ergebnis für die Eigentümer (vgl. Wächter 2001, 192).

Die Sonderstellung der Eigentümer wird legitimiert über die Harmoniethese, dass die Befriedigung der Eigentümerinteressen automatisch auch zu gesellschaftlich wünschenswerten Ergebnissen führt (vgl. Wenger/Knoll 1999, 437). Das Ziel der (langfristigen) Gewinnmaximierung wird indirekt gerechtfertigt, über seine instrumentelle Wirkung für die Steigerung der allgemeinen Wohlfahrt. Es wird die Gleichung „good business" ist „good ethics" aufgemacht (vgl. Quinn/Jones 1995, 23). Ähnlich heißt es auch in einem aktuellen Aufsatz von Horst Albach, in der Marktwirtschaft sei der Output „Dienst am Nächsten" (2005, 814).

Konflikte zwischen dem Gewinnstreben der Unternehmen und dem Wohl anderer werden ausgeklammert. Es ist aber „unbestrittene Markttatsache, dass Anbieter verdienen, Nachfrager aber billig kaufen wollen", wie Dieter Schneider (1983, 201) konstatiert. Angestrebt wird nicht die maximale Kundenorientierung als Voraussetzung für Gewinn, sondern nur das Ausmaß an Kundenorientierung, das eine maximale Gewinnerzielung ermöglicht (vgl. Stauss 2001, 217). Unter Umständen kann das natürlich auch bedeuten, den Kunden zu übervorteilen und ihm bspw. ein minderwertiges Produkt teuer zu verkaufen. Vergleichbares gilt auch für das Verhältnis zwischen den Mitarbeiter- und den Unternehmensinteressen. Die Mitarbeiterorientierung als Mittel zur Sicherung der Einsatzbereitschaft kann in Zeiten hoher Arbeitslosigkeit bspw. durch Angst und Druck ersetzt werden, was ja auch häufig genug geschieht.

Die These der Harmonie zwischen dem Eigennutz der Anbieter und dem Gemeinwohl ist nur dann richtig, wenn der Markt perfekt funktioniert. Mittlerweile wird aber selbst von den Ökonomen zugestanden, dass es Informationsasymmetrien und Machtunterschiede zwischen den Marktteilnehmern gibt, die ein moralisches Risiko implizieren. Auch Marktprobleme mit öffentlichen Gütern und externen Effekten gefährden das Gemeinwohl. Kann die Harmoniethese nicht aufrechterhalten werden, dann ist aber auch nicht einzusehen, warum im Konfliktfall die Interessen einer Konfliktpartei automatisch Vorrang haben sollten, weil die indirekte Rechtfertigung dieser Bevorzugung ja nicht mehr stichhaltig ist. Im Sinne ethischer Verantwortung kann erst eine Güterabwägung darüber entscheiden, welches Anliegen welcher Gruppe in einer bestimmten Situation den Vorrang haben sollte.

4.2 Strategische versus ethische Auswahl der Stakeholder

Einen zweiten Unterschied sehe ich bei der Auswahl der Stakeholder. Aus *strategischer Sicht* sind nur die wirtschaftlich relevanten Stakeholder von Interesse. Stakeholder sind diejenigen, ohne deren Unterstützung das Unternehmen nicht leben kann, weil sie wichtige Ressourcen liefern. Im Wesentlichen sind dies die Gruppen der Kapitaleigner, der Kunden, der Mitarbeiter und Lieferanten. Tritt die Öffentlichkeit als Stakeholder in den Blick, dann auch als Lieferant einer Ressource, nämlich der Ressource Legitimation bzw. Reputation oder Image. Weitere Stakeholder werden wahrgenommen, wenn sie die Ressourcenlieferung zu schädigen drohen. Sogenannte Civil Society Groups wie Greenpeace oder UNICEF werden bspw. dann interessant, wenn sie mit ihren Aktionen das Image einer Unternehmung schädigen und so letztlich, z.B. über Kundenboykotte, den Gewinn schmälern können.

Die Relation zwischen Unternehmung und Stakeholder wird aus der Sicht der Unternehmung hergestellt: Von wem hängt die Unternehmung ab? Wer kann auf das Unternehmen positiv oder negativ einwirken? Nicht alle Stakeholder sind zu berücksichtigen, sondern nur die ‚relevanten' oder ‚kritischen' Stakeholder. Als relevanter oder kritischer Stakeholder wird derjenige eingestuft, der wichtige Ressourcen entziehen und/oder schädliche Konflikte anzetteln kann (vgl. Post et al. 2002, 51f.; Schaltegger 1999, 12; Hill 1996, 415f.).

Aus *ethischer Sicht* verdient dagegen zunächst einmal jeder die Anerkennung als Stakeholder, der gegenüber dem Unternehmen Ansprüche vertritt, die sich (möglicherweise) als legitim erweisen, ganz unabhängig davon, ob sie/er dem Unternehmen nutzen oder schaden kann (vgl. Ulrich 1998, 13). Legitime Stakeholderinteressen haben einen intrinsischen Wert (vgl. Jones/Wicks 1999, 207ff.). Die Relation zwischen Verantwortungssubjekt und -objekt wird gerade andersherum hergestellt: Auf wen oder was hat die Unternehmung einen positiven oder negativen Einfluss? Wie weit reichen Handlungsfolgenverantwortung (retrospektiv) und Aufgabenverantwortung (prospektiv) der Unternehmung? Im Prinzip kann jedermann Stakeholder einer Unternehmung sein, sogar, wenn er selbst nicht unmittelbar betroffen ist, sondern sich nur für ein legitimes Anliegen stark macht. Natur- und Tierschutz sind typische Fälle von Stakeholderanliegen, bei denen nicht die direkt ‚Betroffenen' (also bspw. die Hühner in der Legebatterie) das Anliegen vertreten können, sondern sich Menschen durch Unrecht, welches andere trifft (z.B. auch spätere Generationen), betroffen fühlen und sich solidarisieren. Die Legitimität des Anspruchs macht den normativ-relevanten Stakeholder. Eine Relation zwischen Verantwortungssubjekt (Unternehmung) und Verantwortungsobjekt im Sinne einer prospektiven oder retrospektiven Kausalbeziehung muss aber auf jeden Fall gegeben sein. Das Unternehmen muss also tatsächlich Einwirkungsmöglichkeiten auf das Verantwortungsobjekt (bspw. die Natur, Tiere oder Menschen) haben, damit ein legitimer Stakeholderanspruch entstehen kann.

4.3 Bargaining versus Diskurs

Zum Dritten verläuft auch der Prozess der Verhandlungen zwischen den Beteiligten unterschiedlich. Beim *strategischen Stakeholdermanagement* stehen sich Stakeholdergruppen und Unternehmen als Gegner in einem strategischen Spiel gegenüber. Beide Seiten sind eigennützig an ihrem Vorteil interessiert, das Unternehmen an profit-seeking, die Stakeholder an rent-seeking (vgl. Schaltegger 1999, 6f.). Der Verhandlungsprozess, der zwischen den Spielern stattfindet, ist als ökonomisches „bargaining" zu kennzeichnen (vgl. Milgrom/Roberts 1992, 140ff.). Jeder der Beteiligten versucht, bei dem Handel über Leistung und Gegenleistung für sich selbst das Beste herauszuschlagen. Als Mittel in diesem Spiel kommen auch Lügen, Drohen, Verschleiern, Verzerren und Verschweigen von Informationen, taktisches Hinhalten, sich stur stellen usw. in Frage. Ziel ist es, die Stakeholder zur weiteren Ressourcenlieferung zu bewegen oder sie von gewinnschädlichem Verhalten abzuhalten. Reichen Lügen und taktische Hinhaltemanöver aus, um dieses Ziel zu erreichen, dann wird es vom erwerbsorientierten Unternehmen eingesetzt. In der institutionalistischen Organisationstheorie kennt man bspw. den Begriff der ‚Entkopplung' von Außendarstellung und tatsächlichem Organisationsverhalten. Es wird eine Legitimitätsfassade errichtet, um die Stakeholder zu befrieden, während hinter den Kulissen alles weiterläuft wie gehabt (vgl. Walgenbach 1999, 339f.). Von der Gegenseite wird ebenfalls ein solches politisches Taktieren erwartet. Beide Seiten werden als homines oeconomici modelliert, die einen Nutzen für sich selbst anstreben (vgl. Schaltegger 1999, 6ff.).

Können nicht alle Interessen befriedigt werden, gibt die Unternehmensführung da nach, wo es dem Unternehmen am meisten nutzt. Das heißt, die Anliegen sogenannter primärer Stakeholder, die für das Überleben der Unternehmung wichtig sind (vgl. Clarkson 1995, 106f.), gehen von vornherein mit größerem Gewicht in die Verhandlungen ein. So werden eher die Interessen der Mitarbeiter und Lieferanten geopfert als die der Kunden (vgl. Laumer 1999, 16).

Ethisch gesehen ist das Ideal der Verständigung zwischen Konfliktparteien dagegen der diskursive Konsens. Die Parteien wollen nach diesem Modell nicht auf Kosten des Gegners siegen, sondern gemeinsam eine Lösung finden, mit der alle leben können. Konflikte zwischen legitimen Anliegen werden auf der Basis einer ethischen Güterabwägung gelöst. Wahrhaftigkeit, Freiheit, Transsubjektivität und Konsensorientierung bei den Teilnehmern werden vorausgesetzt. Informations- und Machtasymmetrien werden nicht ausgenutzt. Beide Seiten treten als ethische Subjekte in die Verhandlung ein.

4.4 Reaktive versus aktive Berücksichtigung der Stakeholderanliegen

Aus den zuvor schon genannten Merkmalen des *strategischen Stakeholdermanagements* ergibt sich als vierter Unterschied, dass die Maßnahmen zur Berücksichtigung der Stakeholderinteressen eher spät ergriffen werden, als Reaktion auf akut drohende Probleme. Man kann zwar durchaus im Sinne eines strategischen Frühwarnsystems versuchen, zukünftige Stakeholderanliegen so früh wie möglich wahrzunehmen, darauf eingehen wird man aber erst, wenn es sich nicht mehr vermeiden lässt, bspw. weil der Druck durch die Medien zu groß wird und ein Imageschaden droht. Außerdem wird es wahrscheinlich um die Erfüllung ‚negativer Pflichten' gehen, d.h. die Unternehmung unterlässt – auf Druck – Handlungen, die anderen schaden könnten (vgl. Swanson 1995, 45). Max Clarkson (vgl. 1995, 109) differenziert noch feiner zwischen reaktiven und defensiven Strategien. Bei einer reaktiven Strategie leugnet man die Verantwortung, bekämpft die Stakeholder und lässt sich nicht auf ihre Anliegen ein. Die defensive Strategie besteht darin, gerade so viel zu tun, wie unbedingt nötig ist.

Zum *ethischen Stakeholdermanagement* gehört dagegen die aktive Suche nach verantwortungsvollen Handlungsmöglichkeiten und die prospektive Vermeidung von Stakeholderkonflikten, soweit es möglich ist. Die Strategien sind „accommodative" bzw. „proactive" (vgl. Clarkson 1995, 109), d.h. das Unternehmen akzeptiert die Verantwortung nicht nur im vollen Umfang (acommodative), sondern antizipiert sie sogar (proactive) und tut mehr als gefordert wird. Das Unternehmen wird bspw. von sich aus aktiv, um umweltverträglichere Produkte zu entwickeln und wartet nicht ab, bis es zur Verantwortung ‚gezogen' wird. Es will nicht nur Schaden abwenden (negative Pflicht), sondern aktiv nach besseren Lösungen für die Betroffenen suchen (positive Pflicht) (vgl. Swanson 1995, 45).

5. Harmonisierung von Ethik und Ökonomik bleibt das Ziel

Ich habe mit den bisherigen Ausführungen bewusst die Unterschiede zwischen einem ökonomisch motivierten strategischen Anspruchsgruppenmanagement und einem ethisch motivierten, an Verantwortung orientierten Stakeholdermanagement herausgearbeitet. Man sollte die Unterschiede zwischen Ökonomik und Ethik sowie einem rein instrumentellen und einem ethisch-normativen Stakeholdermanagement nicht zu schnell über die Harmoniethese zukleistern. Horst Albachs These, BWL sei bereits Unternehmensethik und daher könne man getrost auf „Moralprediger" verzichten (2005, 809), halte ich für wirklichkeitsfremd. Die taktisch kluge Auseinandersetzung mit mächtigen Anspruchsgruppen, weil und soweit dies im finanziellen Interesse der Eigentümer nötig ist und der Diskurs mit den Vertretern legitimer Anliegen, um seiner Verantwortung möglichst gerecht zu werden, können beide durchaus zum gleichen Ergebnis führen, sind aber trotzdem nicht das Gleiche.

Die Gleichsetzung von ‚good business' und ‚good ethics' übersieht mindestens zwei große Probleme: Das Problem des trade-off und das Problem der moralischen Rechtfertigung (vgl. Swanson 1995, 45f.). Mit dem Problem des trade-off sind die Fälle angesprochen, in denen sich die Berücksichtigung legitimer Stakeholderanliegen nicht für das Unternehmen auszahlt bzw. sogar Zusatzkosten verursacht. Da nach der Logik des strategischen Anspruchsgruppenmanagements das letztliche Ziel der Gewinn ist, muss das Unternehmen sich in solchen Fällen gegen die verantwortungsvolle Handlung entscheiden. Das Problem der moralischen Rechtfertigung ergibt sich aus der fehlenden moralischen Gesinnung der Akteure bei einem strategischen Stakeholdermanagement. Sie berücksichtigen die Interessen des anderen eben nur dann und in dem Umfang, wie es für ihre eigene Zielerreichung opportun erscheint. Selbst wenn sich verantwortungsvolles und ökonomisch erfolgreiches Handeln überschneiden, wird die eigentliche Motivation nicht klar. Es wird nicht deutlich, dass die Unternehmung auch jenseits des ökonomischen Kalküls jederzeit die Pflicht hat, zu tun, was moralisch richtig ist (vgl. auch Donaldson/Preston 1995, 72ff., 87). Wer taktisch moralisch handelt, wenn und solange es ihm nützt, der handelt überhaupt nicht moralisch.

Trotzdem habe auch ich immer wieder den Gedanken einer Harmonisierung zwischen den finanziellen Interessen der Eigentümer und der moralischen Verantwortung propagiert. Weil im sogenannten ökonomischen Konfliktfall, also wenn Verantwortung zu Gewinneinbußen führt, die Stakeholderkonflikte regelmäßig besonders gravierend sind, sollte man durchaus versuchen, diesen Konfliktfall zu vermeiden. Zu Recht wird auch von Seiten der Moralökonomen auf die Durchsetzungsprobleme einer Ethik verwiesen, die dem Verantwortungsbewussten besondere Lasten auferlegt, bei der – wie der Volksmund sagt – der Ehrliche der Dumme ist. Wünschenswert ist von daher sicherlich, dass der Gute auch glücklich wird, wie es in der Philosophie schon seit Aristoteles vorausgesetzt wird. Auf das Unternehmen bezogen: dass sich verantwortungsbewusstes Entscheiden und Handeln für das Unternehmen auch auszahlt. Eine instrumentelle Sicht des Stakeholdermanagements entspricht auch eher der Denkweise und Sprache der Unternehmenspraxis und hat es daher leichter, sich in der Praxis durchzusetzen (vgl. Quinn/Jones 1995, 31). Aber es ist auch wichtig zu sagen, dass die Gültigkeit der ethischen Forderungen nicht von ihrem positiven Beitrag für das finanzielle Unternehmensziel abhängt. Unter Umständen muss man eben aus der Verantwortung für bestimmte Stakeholder heraus auch Gewinneinbußen oder sogar den Untergang des Unternehmens als kleineres Übel hinnehmen.

Ich möchte mit einem Zitat von Immanuel Kant schließen, welches – so finde ich – diese Position sehr gut zum Ausdruck bringt: „Daher ist auch die Moral nicht eigentlich die Lehre, wie wir uns glücklich machen, sondern wie wir der Glückseligkeit würdig werden sollen" (1974, A 234). Ethik ist keine Glückseligkeits- oder Nutzenlehre, aber wir sind aufgefordert, an einer Welt mitzuwirken, in der der Gute auch glücklich werden kann.

Literatur

Albach, H. (2005): Betriebswirtschaftslehre ohne Unternehmensethik!, in: Zeitschrift für Betriebswirtschaft, 75. Jg., S. 809-831

Backhaus, K. (1998): Von Kunden und Kosten, in: Managermagazin, 28. Jg., Nr. 6, S. 138-141

Baden, A. (2001): Shareholder Value- oder Stakeholder-Ansatz?, in: Wirtschaftswissenschaftliches Studium WiSt, Heft 8, S. 398-403

Clarkson, M.B. (1995): A Stakeholder Framework for Analyzing and Evaluating Corporate Social Performance, in: Academy of Management Review, Vol. 20, S. 92-117

Donaldson, Th., Preston, L.E. (1995): The Stakeholder Theory of the Corporation: Concepts, Evidence, and Implications, in: Academy of Management Review, Vol. 20, S. 65-91

Fetzer, J. (2004): Die Verantwortung der Unternehmung, Gütersloh

Hill, W. (1996): Der Shareholder Value und die Stakeholder, in: Die Unternehmung, 50. Jg., Nr. 6, S. 411-420

Homann, K. (2003): Taugt die abendländisch-christliche Ethik noch für das 21. Jahrhundert?, in: Lütge, Ch. (Hrsg.): Anreize und Moral, Münster, S. 3-25

Jones, Th.M., Wicks, A.C. (1999): Convergent Stakeholder Theory, in: Academy of Management Review, Vol. 24, S. 206-221

Kant, I. (1974): Kritik der praktischen Vernunft, Werkausgabe VII, hrsg. von Weischedel, W., Frankfurt a.M.

Laumer, H. (1999): Shareholder versus Stakeholder?, in: Personalführung, Nr. 8, S. 14-16

Milgrom, P., Roberts, J. (1992): Economics, Organization & Management, Upper Saddle River

Post, J.E., Preston, L.E., Sachs, S. (2002): Redefining the Corporation, Stakeholder Management and Organizational Wealth, Stanford

Quinn, D.P., Jones, Th.M. (1995): An Agent Morality View of Business Policy, in: Academy of Management Review, Vol. 20, S. 22-42

Rieger, W. (1959): Einführung in die Privatwirtschaftslehre, 2. Auflage, Erlangen

Schaltegger, S. (1999): Bildung und Durchsetzung von Interessen zwischen Stakeholdern der Unternehmung, in: Die Unternehmung, 53. Jg., Nr. 1, S. 3-20

Schneider, D. (1983): Marketing als Wirtschaftswissenschaft oder Geburt einer Marketingwissenschaft aus dem Geist des Unternehmerversagens?, in: Zeitschrift für betriebswirtschaftliche Forschung, 35. Jg., S. 197-223

Stauss, B. (2001): Kundenorientierung durch Qualitätsmanagement, in: Wächter, H., Vedder, G. (Hrsg.): Qualitätsmanagement in Organisationen, Wiesbaden, S. 205-223

Stippel, P. (1998): Kunde schlägt Shareholder, in: Absatzwirtschaft, Nr. 4, S. 14f.

Swanson, D.L. (1995): Addressing a Theoretical Problem by Reorienting the Corporate Social Performance Model, in: Academy of Management Review, Vol. 20, S. 43-64

Ulrich, P. (1998): Wofür sind Unternehmen verantwortlich?, Diskussionspapier Nr. 80, Institut für Wirtschaftsethik der Hochschule St. Gallen, St. Gallen

Wächter, H. (2001): Mitarbeiterorientierung als Zielgröße des Qualitätsmanagements, in: Wächter, H., Vedder, G. (Hrsg.): Qualitätsmanagement in Organisationen, Wiesbaden, S. 183-204

Walgenbach, P. (1999): Institutionalistische Ansätze in der Organisationstheorie, in: Kieser, A. (Hrsg.): Organisationstheorien, 3. Auflage, Stuttgart, Berlin, Köln, S. 319-353

Wenger, E., Knoll, L. (1999): Shareholder Value, in: Korff, W. (Hrsg.): Handbuch der Wirtschaftsethik, Bd. 4: Ausgewählte Handlungsfelder, Gütersloh, S. 433-454

Wentges, P. (2000): Eine Stakeholder-orientierte Analyse der Berücksichtigung des Risikos im Rahmen des Shareholder Value-Konzeptes, in: Die Betriebswirtschaft, 60. Jg., S. 199-209

Sind Unternehmen sozial verantwortlich?

Jens Beckert

Die Frage, die den Titel dieses Vortrags bildet – ‚Sind Unternehmen sozial verantwortlich?' – lässt sich in dreierlei Weise verstehen: Sie kann erstens als empirische Frage verstanden werden. Dann führt sie zu Beobachtungen des tatsächlichen Verhaltens von Unternehmen hinsichtlich ihrer Wahrnehmung von sozialer Verantwortung. Sie kann zweitens als Frage nach den Bedingungen der Möglichkeit sozial verantwortlichen Handelns von Unternehmen verstanden werden. Dann führt sie zu theoretischen Erörterungen der Handlungsoptionen von Unternehmen im Kontext bestehender marktwirtschaftlicher Zwänge. Schließlich lässt sie sich auch als normative Frage beantworten. Dann lenkt sie auf theoretische Erörterungen der Wünschbarkeit einer Orientierung unternehmerischen Handelns an Kriterien der sozialen Verantwortung.

Ich möchte in diesem Vortrag allen drei Bedeutungen der Frage ‚Sind Unternehmen sozial verantwortlich?' nachgehen. Dabei möchte ich gleich zu Beginn zu Protokoll geben, dass mich bei der Rede von einer ‚sozialen Verantwortung' von Unternehmen immer ein deutliches Missbehagen beschleicht. Ich habe den Verdacht, dass es sich bei der zweifelsohne sympathischen Rede von der sozialen Verantwortung von Unternehmen um ein soziologisch unterkomplexes und in vielerlei Hinsicht ideologisches Konzept handelt. Auch ich spüre den von Niklas Luhmann (1993) auf einer Tagung zur Wirtschaftsethik am Beginn seines Vortrags formulierten Impuls, nach dem Ausgang zu schielen. Doch anstatt jetzt nach meinem Autoschlüssel zu kramen bzw. mein Bahnticket zu suchen, möchte ich versuchen, das Missbehagen gegenüber dem

Topos genauer zu erkunden. Ich werde dies entlang der drei von mir unterschiedenen Bedeutungen der formulierten Frage tun.

Bevor ich jedoch in medias res gehe, werde ich zunächst den Gegenstandsbereich, über den ich hier spreche, definieren. Soziale Verantwortung von Unternehmen bedeutet, dass die Handlungen eines Unternehmens sich nicht allein an Motiven der Maximierung ökonomischer Kennzahlen wie Gewinn- oder Umsatzsteigerung orientieren (sollen), sondern die möglicherweise durch die Entscheidungen verursachten externen Kosten bei Arbeitnehmern, Verbrauchern oder der natürlichen Umwelt in die Entscheidung einbezogen werden und die Unternehmen so handeln, dass diese Kosten gering gehalten werden.

Einer von Stefanie Hiß (2006) vorgeschlagenen Differenzierung folgend lassen sich drei Bereiche sozialer Verantwortung von Unternehmen unterscheiden. Im engsten Sinn bedeutet soziale Verantwortung, bestehende Gesetze tatsächlich zu befolgen. In einem weiteren Sinn meint soziale Verantwortung die Berücksichtigung der Folgen unternehmerischer Entscheidungen innerhalb der eigenen Wertschöpfungskette. Am umfassendsten ist die Bedeutung, wenn Unternehmen in Projekte investieren, die dem Gemeinwohl förderlich sind, ohne in einem direkten Zusammenhang mit den Geschäftstätigkeiten zu stehen. Beispiele hierfür sind ein Pharmaunternehmen, das ein Schutzreservoir für den tropischen Regenwald unterstützt oder eine Unternehmensberatung, die an der Alphabetisierung Erwachsener in einem sozialen Brennpunktgebiet mitwirkt. Die unterschiedenen drei Verantwortungsbereiche bauen nicht in einem logischen Sinn aufeinander auf, ihre Unterscheidung dient lediglich der analytischen Präzisierung eines zunächst diffusen Feldes.

Zu der Definition sozialer Verantwortung von Unternehmen gehört schließlich ein Moment der Freiwilligkeit. Unternehmen sind nicht verpflichtet, philanthropisch tätig zu sein. Ebenso müssen sie externe Kosten nur im Rahmen bestehender Gesetze einbeziehen. Dass aber auch der engste Bereich, Gesetzestreue, selbst ein Moment der Freiwilligkeit enthält, erschließt sich erst aus der Logik ökonomischen Denkens, demzufolge Gesetzesverstöße dann zu erwarten sind, wenn dies für das Unternehmen profitabel ist. Bei schlecht überwachten Gesetzen oder Regelungen, die durch Missachtung oder Bestechung umgangen werden können, beinhaltet Gesetzestreue in diesem Sinn ein Moment der Freiwilligkeit.

1.

Nach diesen einführenden Bemerkungen zur Klärung des Gegenstandsbereichs komme ich nun zu der ersten Frage: Handeln Unternehmen tatsächlich sozial verantwortlich? In gewisser Weise möchte ich die Frage gleich wieder zurückweisen, da sie mir auf der einen Seite trivial erscheint und auf der anderen Seite unbeantwortbar. Sie ist trivial in dem Sinn, dass wir selbstverständlich eine Vielzahl Beispiele für unternehmerisches Handeln anführen können, das die Kriterien der ausgeführten Definition erfüllt. Insofern handeln Unternehmen sozial verantwortlich. Oder, genauer ausgedrückt: Es gibt Unternehmen, die sozial verantwortliche Entscheidungen treffen. Nicht ganz so trivial ist dieser Befund allerdings aus der Perspektive der ökonomischen Theorie. Wenn Unternehmen Nutzenmaximierer sind, die in marktwirtschaftlichem Konkurrenzkampf miteinander stehen, wie kann es dann sein, dass zumindest einige von ihnen in einigen Fällen Kosten auf sich nehmen, die sie auch vermeiden könnten? Auf diesen wichtigen Punkt komme ich später wieder zurück.

Die Frage nach der tatsächlichen sozialen Verantwortung von Unternehmen zielt jedoch auch auf einen Maßstab. ‚Sind Unternehmen hinreichend sozial verantwortlich?' lautet dann die Frage. So gestellt scheint mir die Frage schlicht unbeantwortbar. Denn hierfür bedürfte es nicht nur eines Standards, der die erwünschte soziale Verantwortung von Unternehmen misst, sondern auch einer objektiven Überprüfbarkeit der Erfüllung dieses Standards. Dies scheint mir nicht möglich zu sein, wie sich an den Erfahrungen mit den in den siebziger Jahren viel gepriesenen Sozialbilanzen und heutigen Nachhaltigkeitsberichten erkennen lässt. Ursache dieser Unbestimmbarkeit – die natürlich auch in anderen Feldern des Sozialen besteht – scheint mir die Komplexität, Interessenabhängigkeit und Ideologiebehaftetheit des Gegenstandsbereichs zu sein. Dies bringt jede Antwort auf die Frage in den Verdacht interessengeleitet zu sein, was nicht nur für die Unternehmen gilt, die auf gesellschaftliche Legitimation angewiesen sind, sondern auch für das Erkenntnisinteresse der beobachtenden Stakeholder. Für die Beantwortung der Frage wird vermutlich jeder finden, was er sucht. Hierin besteht ein Grund für mein Missbehagen dem Thema gegenüber. Es ist so dehnbar, dass es leicht zum ideologischen Spielball und Manipulationsobjekt von Public Relations-Abteilungen aber auch von ‚sozialen Bewegungsunternehmern' wird.

2.

Erst die zweite Frage nach den Bedingungen der Möglichkeit sozial verantwortlichen Handelns von Unternehmen scheint mir vielversprechender. Wenn wir denn beobachten können, dass Unternehmen freiwillig Kosten auf sich nehmen, die sie auch externalisieren könnten, wie lässt sich dies erklären? Die Frage ist deshalb vielversprechender, weil wir aus den Antworten möglicherweise Hinweise bekommen, wie sozial verantwortliches Handeln von Unternehmen befördert werden kann, soweit man dies denn will.

Die Problematik erschließt sich am ehesten aus der oben angeführten Logik ökonomischen Denkens: Nutzenmaximierende Akteure werden ihren Gewinn maximieren wollen, indem sie sämtliche Kosten zu vermeiden trachten, die sich nicht irgendwann auch auf der Habenseite ihrer Bilanzen wieder auszahlen. Wenn sie dennoch nicht durchgängig so handeln, dann ist dies im Kontext marktwirtschaftlicher Konkurrenz erklärungsbedürftig. Es bieten sich drei Erklärungsansätze an:

1. Erstens lässt sich soziale Verantwortung von Unternehmen als Ausdruck moralischer Handlungsorientierungen auf Seiten der verantwortlichen Manager interpretieren. Dieser Vorschlag wird häufig schnell wieder zurückgewiesen, weil er mit vielen zu beobachtenden Handlungen von Unternehmen unvereinbar scheint und außerdem moralische Handlungen – sobald sie Abstriche an Effizienz erfordern – der Logik des Konkurrenzkampfes widersprechen. Für moralische Sentimentalität bietet der Markt keinen Raum! Doch mag diese Schlussfolgerung zumindest in ihrer Allgemeinheit voreilig sein.

Zum einen werden Entscheidungen von Unternehmen nicht vom Markt determiniert. Es gibt Handlungsspielräume in Entscheidungsprozessen, die auch moralisch ausgefüllt werden können. Moralisches Handeln kann unter anderem erwartet werden, weil auch Unternehmer in einen unter Wertgesichtspunkten urteilenden sozialen Kontext eingebettet sind und ihre soziale Anerkennung in dieser Gemeinschaft auch von der moralischen Legitimation ihrer Handlungen abhängt. Hier mag es ein Kontinuum geben, das von mittelständischen Unternehmen in kleinstädtischen Strukturen auf der einen Seite bis zu global agierenden Finanzinvestoren – den ‚Heuschrecken' – auf der anderen Seite reicht. Während bei ersteren wertrationale Bezüge traditionaler Ökonomien in Entscheidungen eher einfließen, gilt dies für letztere nicht oder nur im Sinne einer Rechtfertigungsmoral, mit der dann etwa der Abbau von Arbeitsplätzen mit der Sicherung der verbleibenden Arbeitsplätze entschuldigt wird. Moralische Handlungsorientierungen bedürfen, so ließe sich schlussfolgern, einer Einbindung in sanktionsmächtige Gemeinschaften. Die Ausweitung von Exit-Optionen für Unternehmen durch die Erweiterung von Möglichkeiten der Standortverlagerung und die Ausbildung eines Marktes für corporate control unterminieren allerdings die Sanktionsmacht lokaler Lebenswelten.

Zum anderen lassen sich moralische Handlungsorientierungen durchaus mit ökonomischen Eigeninteressen verbinden. Moral ist eine bedeutende Antwort auf die sich im engeren Verantwortungsbereich der ‚freiwilligen' Einhaltung von Gesetzen stellende Kollektivgutproblematik. Emile Durkheims (1999) Begriff der Vertragsmoral verweist auf die moralischen Grundlagen des Tauschs. Ohne Vertragsmoral würden rein selbstinteressiert handelnde Akteure jede vertragliche Vereinbarung unterlaufen, wann immer sie dies tun könnten, ohne Sanktionen befürchten zu müssen. Dies würde zur Implosion von Tauschbeziehungen aufgrund der Explosion von Kontrollkosten führen (vgl. Beckert 1997). Vertragsmoral lässt sich zugleich nicht rationalistisch erklären, da – so das Paradox – ihre rationalen Folgen gerade die Transzendenz reinen Selbstinteresses erfordern.

2. Zweitens lässt sich versuchen, das sozial verantwortliche Handeln von Unternehmen in die Logik des Profitdenkens selbst zu integrieren. Was zunächst der Steigerung von ökonomischem Erfolg zu widersprechen scheint, entpuppt sich bei genauerem Hinsehen als durchaus für diesen Zweck nützlich. Seine Arbeiter besser zu entlohnen als der gesetzliche Mindestlohn verlangt, kann ja, wie wir aus der Effizienzlohntheorie wissen, dem Zweck dienen, die eigenen Arbeiter vom Bummeln abzuhalten und die Fluktuation der Arbeitskräfte zu senken

(vgl. Akerlof 1984). Die Kürzung der Länge des Arbeitstages war für das Industrieproletariat im 19. Jahrhundert zwar eine wichtige Erleichterung, doch kann man etwa bei Marx nachlesen, dass diese Entwicklung weniger humanitären Motiven entsprang als vielmehr der Notwendigkeit des Erhalts der Arbeitskraft im kapitalistischen Produktionsprozess. In Konsumgütermärkten kann sich gesellschaftlich verantwortliches Handeln der Unternehmen auszahlen, wenn die Konsumenten es durch höhere Markenloyalität und stärkere Nachfrage in einer für das Unternehmen profitablen Weise danken. Wichtig ist hierbei, unterschiedliche Zeithorizonte zu berücksichtigen: Was kurzfristig als kostenträchtiger Verlust erscheint, mag sich langfristig gewinnbringend auszahlen. Wenn die ‚Legitimität des Produktes' selbst Bestandteil des Werts des Produktes ist – im Marketingjargon: einen Zusatznutzen darstellt – dann sind Unternehmen gut beraten, dies in ihre Produktstrategien einzubeziehen. Auf den Verkauf von Äpfeln aus dem Südafrika des Apartheid-Regimes zu verzichten, mag in der Tat keinen oder zumindest nicht nur einen moralischen Hintergrund gehabt haben, sondern eine Entscheidung mit Blick auf den Jahresabschluss gewesen sein.

In Abwandlung eines von Wolfgang Streeck (1997) eingeführten Begriffs lässt sich hier von „beneficial self-constraints" sprechen. Weiter unten werde ich auf die Frage der Freiwilligkeit zurückkommen. Bereits hier möchte ich jedoch zum Ausdruck bringen, dass mein Missfallen gegenüber dem Konzept der sozialen Verantwortung von Unternehmen gerade auch mit dessen Charakter als freiwilligem self-constraint im Zusammenhang steht.

3. Können wir sozial verantwortliches Handeln von Unternehmen also aus der ökonomischen Handlungslogik heraus erklären? Ich glaube nicht, dass eine solche rationalistische Erklärung tatsächlich trägt. Unter Bezugnahme auf den neuen soziologischen Institutionalismus sowie Arbeiten von Christoph Deutschmann (1999) und von mir (1996; 2002) hat Stefanie Hiß überzeugend gezeigt, dass eine rationalistische Rekonstruktion der Umsetzung des Konzepts der sozialen Verantwortung von Unternehmen an der Problematik der Ungewissheit tatsächlicher Folgen sozial verantwortlichen Handelns für das Unternehmen scheitert. Manager zeigen in Interviews eher eine tiefe

Ratlosigkeit im Hinblick auf ihren Umgang mit den von Stakeholdern artikulierten Ansprüchen und sehen sich auf einem rational nicht beherrschbaren Feld (vgl. Hiß 2006, 106ff.). Was gut gemeint ist, mag zu Protesten führen; Kunden, die in Umfragen ihr Verlangen nach ‚fairen Produkten' zum Ausdruck bringen, greifen im Supermarktregal dann doch nicht nach diesen Waren.

Als Alternative bietet sich eine sozialkonstruktivistische Erklärung sozial verantwortlichen Handelns von Unternehmen an. In Situationen mit Ungewissheit orientieren Unternehmen ihre Handlungsstrategien an Mustern, die in dem organisationalen Feld legitimiert sind. Unter Bedingungen von Ungewissheit gibt es keinen „situativen Determinismus" (Latsis 1972) intentional rationaler Akteure, sondern nur eine sozial gesteuerte Reduktion von Komplexität, bei der legitimierte Handlungsmuster mimetisch nachgeahmt werden (vgl. DiMaggio/Powell 1983). Damit verlagert sich die Erklärung der Bedingungen der Möglichkeit sozial verantwortlichen Handelns von Unternehmen auf die Konstruktions- und Definitionsprozesse ökonomischer Akteure, die sich in organisationalen Feldern ausbilden (vgl. Hiß 2005, 106ff.). Nicht die Optimierung der Produktionsfunktion, sondern die Orientierung an legitimen Strategien steuert das Handeln von Unternehmen, einschließlich ihrer Umsetzung sozialer Verantwortung.[1] Was als intentional rationale Reaktion auf Anforderungen aus der gesellschaftlichen Umwelt von Unternehmen erfolgt, lässt sich aufgrund der Ungewissheit von Handlungsfolgen bzw. der Unkenntnis optimaler Handlungsentscheidungen nur als Ergebnis kontingenter Interpretationsprozesse verstehen. Die jeweiligen Interpretationen der Handlungssituation sind Ergebnis diskursiver Prozesse unter den Beteiligten. Dieser Zusammenhang von Handlungsentscheidungen und sozialem Kontext ist nicht gleichbedeutend mit ökonomisch suboptimalen Resultaten, verweist jedoch auf die Hilflosigkeit der ökonomischen Handlungstheorie in Handlungssituationen, in denen sich optimale Strategien ex ante nicht deduzieren lassen (vgl. Beckert 1996).

---

[1] Solche legitimierten Handlungsstrategien können natürlich auch an moralischen Maximen orientiert sein.

3.

Der soziologische Neoinstitutionalismus (vgl. DiMaggio/Powell 1991) ermöglicht eine überzeugende soziologische Erklärung der Institutionalisierung sozial verantwortlichen Handelns von Unternehmen, die den Fallstricken rationalistischer Erklärungen entgeht, ohne zugleich in einen unrealistischen Moralismus zu verfallen. An der intentionalen Rationalität der Akteure wird nicht gezweifelt. Doch verweist der soziologische Institutionalismus indirekt zugleich auf eine normative Problematik, die sich aus dem rein endogenen Rationalitätsbegriff sozialkonstruktivistischer Theorien ergibt. Was als sozial verantwortliches Handeln von Unternehmen gilt, ist dem soziologischen Institutionalismus zufolge kontingent. Es gibt keinen außerhalb der Rationalitätskonstruktionen der Akteure liegenden Maßstab der Beurteilung unternehmerischen Handelns. Die damit verbundene Problematik kommt besonders deutlich in den Begrifflichkeiten der frühen Arbeiten von John Meyer und Brian Rowen (1977) zum Vorschein, die Rationalität als Mythos und Zeremonie verstehen. Christoph Deutschmanns (1999) Begriff der Mythenspirale nimmt diesen Gedanken einer im Kern völlig kontingenten ökonomischen Rationalitätskonstruktion kritisch auf. Verzichtet wird in den sozialkonstruktivistischen Ansätzen auf einen Standard, von dem aus unternehmerische Handlungsstrategien beurteilt und verglichen werden könnten – sei es unter Kriterien ökonomischer Effizienz, sei es unter Kriterien gesellschaftlicher Verantwortung von Unternehmen. Unternehmerisches Handeln in hinreichend komplexen Umwelten unterscheidet sich in der Perspektive des soziologischen Neoinstitutionalismus in keiner Weise von Ritualhandlungen, die auf totemistischen Glaubensvorstellungen beruhen (vgl. Beckert 2002). Die religiösen Rituale erscheinen den Gläubigen als ebenso ‚rationale' Reaktion auf die Anforderungen ihrer Umwelt wie den Akteuren hochmoderner Ökonomien ihre jeweiligen Strategien als rationale Entscheidungen erscheinen. Der kulturvergleichende anthropologische Blick ermöglicht die Erkenntnis der Kontingenz und der Kulturabhängigkeit jeglicher Handlung.

So sehr diese Denkfigur gegen die ökonomische Handlungstheorie gerichtet ist, so sehr steht sie auch in einer Wahlverwandtschaft zu dieser. Ergibt sich in der ökonomischen Erklärung sozial verantwortliches Handeln von Unternehmen aus einer als vorteilhaft wahrgenommenen Selbstbeschränkung (beneficial self-constraint) der Unternehmen, die aus den kontingenten Präferenzen der Nachfrager resultiert oder aber aus der Wahrnehmung langfristiger unternehmerischer Interessen, so ergibt sich dieses Handeln dem soziologischen Institutionalismus zufolge aus kontingenten kollektiven Zuschreibungen, die sich in einem organisationalen Feld ausbilden. Beide Ansätze eint der Verzicht auf einen externen Rationalitätsbegriff, mit dem normative Maßstäbe zur Beurteilung des Handelns gewissermaßen von außen an die Akteure bzw. das Feld herangeführt würden. Die ökonomische Theorie konzentriert sich auf die Bewertung des Handelns von Unternehmen unter Gesichtspunkten wirtschaftlicher Effizienz (Gewinnmaximierung), der soziologische Neoinstitutionalismus auf die Legitimation der unternehmerischen Strategien in dem organisationalen Feld und damit implizit auf die Bestandserhaltung von Organisationen. Sowohl ökonomische Erklärungen als auch der soziologische Neoinstitutionalismus vermeiden dadurch die Auseinandersetzung mit der Wahrnehmung gesellschaftlicher Verantwortung durch Unternehmen anhand anderer normativer Kriterien als denen der Effizienz und der Legitimität.

4.

Damit komme ich zur dritten Bedeutung meiner im Titel des Vortrags formulierten Frage. Sollen Unternehmen sozial verantwortlich handeln? In gewisser Hinsicht ist auch diese Frage trivial und nur mit einem ‚Ja' zu beantworten. Niemand kann ernsthaft wollen, dass Unternehmen die Kosten ihres Handelns auf Dritte abwälzen. Die Frage lässt sich aber auch anders formulieren: Soll Corporate Social Responsibility – also: das Prinzip freiwilliger Abweichung von ökonomischen Zielen zwecks Realisierung nicht-ökonomischer Zielvorstellungen – das Steuerungskonzept sein, mit dem die soziale Verantwortung von Unternehmen realisiert wird?

Meine Antwort auf diese Frage ist ein deutliches ‚Nein'. Die „Verpflichtung" zu ‚freiwillig' sozial verantwortlichem Handeln möchte ich auf das von Stefanie Hiß (2006) als innerem Verantwortungsbereich bezeichnete Gebiet der Einhaltung von Gesetzen beschränkt wissen. Es gibt eine Verantwortung von Unternehmen dahingehend, sich an geltende Gesetze und Verträge zu halten, auch dann, wenn ihr Umgehen durch Korruption oder aufgrund unzureichender Kontrolle möglich und vorteilhaft wäre. Dies lässt sich aus der Kantischen Pflichtenethik moralphilosophisch und funktional aus den Folgen opportunistischen Handelns für die Möglichkeit von Marktbeziehungen begründen (vgl. Beckert 1997). Soziologisch stellt sich hier die Frage nach den institutionellen, sozialstrukturellen und den in der Person liegenden Voraussetzungen, unter denen ‚Gesetzestreue' von Akteuren erwartet werden kann. Dabei kommt in modernen Gesellschaften formalen sanktionsbewehrten Institutionen eine zentrale Rolle zu. Denn unter Bedingungen der Enttraditionalisierung und des Entfalls transzendentaler Stützen normenkonformen Handelns muss zunehmend mit normverletzenden Handlungsstrategien gerechnet werden. Diese lassen sich als free-riding charakterisieren, das die Kosten normenkonformen Handelns stetig erhöht. Gesellschaften unterminieren damit die normativen Grundlagen, auf denen sie zugleich aufbauen. Darauf reagieren Gesellschaften mit der Ausdehnung formaler Institutionen, deren Aufgabe in der Durchsetzung von Sanktionen gegen Normverletzer besteht. Doch beruht der Schutz vor opportunistischem Handeln keinesfalls nur auf Sanktionsmöglichkeiten durch Dritte. Emile Durkheim etwa betonte die Bedeutung sektoral organisierter, dialogischer Aushandlungsprozesse zwischen Stakeholdern in Berufsgruppen (1999). Dies verweist auf die Bedeutung deliberativer Prozesse für die Überwindung opportunistischer Handlungsstrategien (vgl. Piotti 2005). In seinen späteren religionssoziologischen Schriften hob Durkheim (1994) die Bedeutung kollektiver Erfahrungen der Selbsttranszendenz hervor, durch die Werte entstehen, die eine starke Bindungskraft auf die Gesellschaftsmitglieder ausüben. Diese stellen nämlich eine positive Attraktion dar und leiten auch weitere Institutionalisierungsprozesse an (vgl. Joas 1997). Dass Verhaltenskodizes in Unternehmen häufig nach massiven, durch ethisches Fehlverhalten ausgelöste Krisen eingeführt werden, zeigt diesen Zusammenhang. Wie auch immer man die Frage nach den Grundlagen von Gesetzes- und Vertragstreue letztendlich beantwortet, es wird dabei um Formen sozialer Einflussnahme auf individuelle Handlungsentscheidungen gehen. Je stärker sich Unternehmensentscheidungen dabei von der Einbindung in lokale oder nationale

Strukturen loslösen und einer Finanzmarktsteuerung unterliegen, desto notwendiger werden diese Regulationen.

Nicht begründen lässt sich m. E., weshalb Unternehmen eine freiwillige soziale Verantwortung in den beiden erweiterten Verantwortungsbereichen zukommt. Hintergrund dieser Auffassung ist die spezifische Organisationsform moderner Gesellschaften nach dem Prinzip funktionaler Differenzierung. Funktionale Differenzierung bedeutet genau die Abkoppelung des ausdifferenzierten Wirtschaftssystems von Entscheidungskriterien anderer Sozialsysteme. In funktional differenzierten Gesellschaften trennen sich Wertsphären (Weber) voneinander. Gerade in diesem Organisationsprinzip liegt die enorme Leistungsfähigkeit moderner Gesellschaften begründet. Das Konzept der sozialen Verantwortung von Unternehmen unterminiert aber genau dieses Prinzip, indem von Unternehmen erwartet wird, nicht allein Kriterien wirtschaftlicher Effizenz in ihren Entscheidungen anzulegen, sondern nach nicht-ökonomischen Gesichtspunkten zu handeln. Niklas Luhmann (1986) sprach von möglichen „Effektexplosionen" im Wirtschaftssystem, wenn diesem zugemutet wird, in Entscheidungen die Orientierung an wirtschaftlicher Rationalität zu kompromittieren, sich also Logiken anderer sozialer Systeme zu unterwerfen. Milton Friedmans (1983) viel zitierter Satz, die soziale Verantwortung von Unternehmen sei die Erwirtschaftung von Gewinn, wird der liberalen Vorstellung funktional differenzierter Gesellschaft viel eher gerecht als das entdifferenzierende Konzept der ‚Corporate Social Responsibility'.

Die Orientierungslosigkeit, die Manager angesichts häufig diffuser, sich unkontrolliert wandelnder Anforderungen an sozial verantwortliches Handeln zum Ausdruck bringen (vgl. Hiß 2006, 106ff.), ist ein Zeichen für solche möglichen unkontrollierten Effekte entdifferenzierender Überfrachtung ökonomischer Entscheidungen. Die systemischen Limitationen, denen Unternehmen unterworfen sind, lassen vermuten, dass die effektive Steuerung gesellschaftlicher Folgeprobleme wirtschaftlichen Handelns nicht durch die Wahrnehmung sozialer Verantwortung von Unternehmen geleistet werden kann. Corporate Social Responsibility erreicht keine effektive Internalisierung sozialer Folgeprobleme, sondern im Wesentlichen symbolische Reaktionen auf reale Probleme. Die vom soziologischen Institutionalismus eingeführten Begriffe ‚Mythos' und ‚Zeremonie' sind hierbei ebenso erhellend wie beunruhigend. Sie zeigen an, dass gesellschaftliche Steuerung basierend auf der ‚gesellschaftlichen Verantwortung von Unternehmen' entweder auf dem manipulationsanfälligen, häufig auf Skandalisierung ansprechenden, hochgradig selektiven Aufmerksamkeitshorizont von Konsumenten basiert oder aber kollektiven Mythen organisationaler Felder überlassen wird, die Entscheidungsprozesse unternehmerischen Handelns informieren.

Als empirische Beschreibung mag dies durchaus angemessen sein, wie sich an der Inkonsistenz sozial verantwortlichen Handelns von Unternehmen und Konsumenten gut beobachten lässt:[2] Äpfel aus Südafrika werden boykottiert; zugleich werden die Exporte aus Ländern mit ähnlichen Menschenrechtsbilanzen konsumiert, weil die Problematik außerhalb des gegenwärtigen Aufmerksamkeitshorizonts von Konsumenten und sozialen Bewegungen liegt. Wale werden geschützt und gleichzeitig die Meere leer gefischt. Ein Unternehmen fördert Sozialprojekte für Jugendliche in einem Berliner Kiez und streicht gleichzeitig Ausbildungsplätze, die diesen Jugendlichen eine Perspektive im Arbeitsleben geben würden.

Als Instrument der Bearbeitung sozialer Folgeprobleme unternehmerischen Handelns ist das Steuerungskonzept der sozialen Verantwortung von Unternehmen ineffektiv, weil mit ihm nicht mehr als marktopportunistische und ‚zeremonielle' Reaktionen auf komplexe Probleme erreicht werden, zugleich aber die Umweltunsicherheit für Unternehmen durch die Aufforderung zu Entscheidungen nach nicht-ökonomischen Kriterien erhöht wird.[3] Zudem gilt für ‚good corporate governance' – einen häufig mit Corporate Social Responsibility parallel verwendeten Begriff (vgl. Hiß 2006, 21) –, was Claus Offe und Ulrich Preuß (2005, 9ff.) scharfsinnig für das Konzept der Governance allgemein feststellten: Es handelt sich um *government without opposition*. D.h. es fehlen institutionalisierte, mit Kompetenz und formalen Kontrollrechten ausgestattete Sys-

---

[2] Die Rede von einem ‚Markt' für Corporate Social Responsibility (vgl. hierzu Hiß 2006, 94ff.) ist hier aufschlussreich, weil Marktprozesse (Preisbildung) auf kontingenten und damit fluktuierenden individuellen Präferenzen beruhen, nicht jedoch auf die Lösung kollektiver Ordnungsprobleme zielen.

[3] Zur funktionalen und normativen Ambivalenz moralisch motivierten Handelns in Marktkontexten siehe auch Beckert 2005.

teme kontinuierlicher Beobachtung, wie sie die parlamentarische Kontrolle einer Regierung auszeichnen. Dies verweist im Umkehrschluss auf einen weiteren problematischen Aspekt des Konzepts der gesellschaftlichen Verantwortung von Unternehmen. Unternehmen fehlt die demokratische Legitimation, selbst Regeln zu setzen. Unternehmen sind weder von Bürgern ermächtigt, Rahmenbedingungen zu gestalten, noch werden sie von diesen demokratisch kontrolliert. Von Unternehmen entwickelte Verhaltensstandards, die dann freiwillig eingehalten werden, können sich daher kaum von dem Verdacht befreien, Rahmenbedingungen allein zum eigenen Vorteil gestalten zu wollen (vgl. Scherer 2005, 10f.).

Die Alternative zu Forderungen nach freiwilliger sozialer Verantwortung im mittleren und äußeren Verantwortungsbereich liegt in der Institutionalisierung eines Ordnungssystems der Wirtschaft, in dem klare rechtliche Vorschriften den Handlungsrahmen der Unternehmen institutionell abstecken, den diese dann aber auch im Wettbewerb interessenorientiert ausschöpfen können. Nicht Forderungen nach freiwillig höherer Entlohnung sind angemessen, sondern die gesetzliche Erhöhung von Mindestlöhnen. Nicht die Förderung von Opernhäusern oder Umweltprojekten durch philanthropisches Engagement werden der sozialen Verantwortung von Unternehmen in einer funktional differenzierten Gesellschaft gerecht, sondern die Besteuerung von Unternehmensgewinnen zur Finanzierung einer durch das politische System demokratisch legitimierten Kultur- und Umweltpolitik. Es geht um die Absteckung eines rechtlich verbindlichen Rahmens unternehmerischen Handelns, nicht um situative Abweichung von ökonomischen Zielkriterien anhand diffuser Erwartungshaltungen. Die verbindliche Regelungsstruktur ist Ergebnis von Aushandlungsprozessen zwischen den interessierten Parteien – einschließlich Unternehmen, Interessenverbänden und zivilgesellschaftlichen Akteuren – im Kontext demokratisch legitimierter Institutionen. Hierbei besteht die Aufgabe einer Wirtschaftsethik darin, diesen Diskurs zur Festlegung verbindlicher Regeln durch ethische Reflexionen mitzugestalten.

5.

Eine auf verbindliche Rahmensetzungen aufbauende Institutionalisierung von Anforderungen an Unternehmenshandlungen wird der profunden, im neuen soziologischen Institutionalismus allerdings häufig leichtfertig beiseitegeschobenen soziologischen Erkenntnis gerecht, dass Gesellschaften ihre Wertvorstellungen durch die Ausgestaltung sanktionsbewehrter Institutionen realisieren. Max Weber und Emile Durkheim hatten dies klar verstanden, wenn sie die Transformation von Wertesystemen anhand der Veränderung rechtlicher Strukturen untersuchten (vgl. Lepsius 1995; Beckert 2004). Mit Luhmann gesprochen geht es um die Programmierung des Wirtschaftssystems durch die Festlegung der rechtlichen Rahmenordnung wirtschaftlichen Handelns.

Natürlich befinden sich die Möglichkeiten staatlicher Steuerung wirtschaftlichen Handelns angesichts der Orientierung wirtschaftspolitischer Diskurse an marktliberalem Denken und der zunehmenden Möglichkeiten von Unternehmen durch ‚Exit' die nationalstaatlichen Regulationsräume zu verlassen unter enormem Druck. Es ist insofern eine völlig offene Frage, welche politischen Steuerungsmöglichkeiten in einer globalen Ökonomie bestehen werden (vgl. Beckert 2004). Das Konzept einer freiwilligen ‚gesellschaftlichen Verantwortung von Unternehmen' entspringt entsprechend nicht nur der Absicht von Unternehmen, staatlicher Regulation zuvorzukommen, sondern reagiert auch auf die abnehmende Steuerungskapazität des Staates. Die zunehmende Einforderung der Wahrnehmung gesellschaftlicher Verantwortung durch Unternehmen kann insofern auch als Reaktion auf die Schwächung des Staates verstanden werden. Gerade die Konjunktur des Konzepts der gesellschaftlichen Verantwortung von Unternehmen zeigt aber, dass die Schwächung der regulativen Kapazitäten des Staates nicht – wie von Befürwortern staatlicher Deregulation erhofft – zur umstandslosen Durchsetzung ökonomischer Marktprinzipien führt, sondern vielmehr die Unternehmen jetzt selbst zu Ansprechpartnern auch für die nicht-ökonomischen Belange der Gesellschaft macht. Sei es die Finanzierung von Opernhäusern oder die Errichtung eines Gesundheitssystems – wie in Südafrika –, wo der Staat nicht in der Lage ist, diese Aufgabe selbst zu übernehmen. Unter diesem Gesichtspunkt könnte die Zurückdrängung des Staates ein Pyrrhussieg für Unternehmen sein, die nun selbst in den Aufgabenbereich des Staates gedrängt werden, ohne aber über die Legitimation und die systemischen Voraussetzungen für die Erfüllung dieser Aufgaben zu verfügen. Dies aber könnte das Wirtschaftssystem in seiner ureigenen Funktion beeinträchtigen: der effizienten Erstellung und Verteilung knapper materieller Güter. Auch so lässt sich Friedmans berühmtes Diktum lesen.[4] Eine Kritik daran sollte weniger auf die Ausdehnung sozialer Verantwortungsbereiche von Unternehmen zielen als vielmehr auf dessen Unvollständigkeit: Die soziale Verantwortung von Unternehmen besteht nicht nur darin, Profit zu erwirtschaften, sondern auch darin, Einkommensströme zu generieren in Form von Arbeitnehmereinkommen und Steuerabgaben. Mit diesen Ressourcen und der Durchsetzung der Bestimmungen der rechtlichen Rahmenordnung kommen Gesellschaften am ehesten ihren solidarischen Pflichten nach.

Literatur

Akerlof, G.A. (1984): Gift Exchange and Efficiency-Wage Theory, in: American Economic Review, Vol. 74, S. 79-83

Beckert, J. (1996): Was ist soziologisch an der Wirtschaftssoziologie? Ungewissheit und die Einbettung wirtschaftlichen Handelns, in: Zeitschrift für Soziologie, Vol. 25, S. 125-146

Beckert, J. (1997): Grenzen des Marktes. Die sozialen Grundlagen wirtschaftlicher Effizienz, Frankfurt am Main

Beckert, J. (2002): Von Fröschen, Unternehmensstrategien und anderen Totems. Die soziologische Herausforderung der ökonomischen Institutionentheorie, in: Maurer, A., Schmid, M. (Hrsg.): Neuer Institutionalismus. Zur soziologischen Erklärung von Organisation, Moral und Vertrauen, Frankfurt am Main, S.133-147

Beckert, J. (2004): Unverdientes Vermögen. Soziologie des Erbrechts. Theorie und Gesellschaft, Frankfurt am Main

Beckert, J. (2005): The Moral Embeddedness of Markets, Max-Planck-Institut für Gesellschaftsforschung, Köln, MPIfG Discussion Paper, 05/6

Deutschmann, Ch. (1999): Die Verheißung des absoluten Reichtums. Zur religiösen Natur des Kapitalismus, Frankfurt am Main

---

[4] Auch Friedman berücksichtigte übrigens die Verpflichtung von Unternehmen zur Rechtstreue.

DiMaggio, P., Powell, W.W. (1983): The Iron Cage Revisited: Institutional Isomorphism and Collective Rationality in Organizational Fields, in: American Sociological Review, Vol. 48, S. 147-160

DiMaggio, P., Powell, W.W. (1991): Introduction, in: DiMaggio, P., Powell, W.W. (Hrsg.): The New Institutionalism in Organizational Analysis, Chicago und London, S. 1-38

Durkheim, E. (1994): Die elementaren Formen des religiösen Lebens, Frankfurt am Main

Durkheim, E. (1999): Über soziale Arbeitsteilung, Frankfurt am Main

Friedman, M. (1983): The Social Responsibility of Business Is to Increase Its Profits, in: Snoeyenbos, M., Almeder, R., Humber, J. (Hrsg.): Business Ethics. Corporate Values and Society, New York, S. 73-83

Hiß, St. (2006): Warum übernehmen Unternehmen gesellschaftliche Verantwortung? Ein soziologischer Erklärungsversuch, Frankfurt und New York

Joas, H. (1997): Die Entstehung der Werte, Frankfurt am Main

Latsis, S. (1972): Situational Determinism in Economics, in: British Journal of Philosophy of Science, Vol. 23, S. 207-245

Lepsius, R.M. (1995): Institutionenanalyse und Institutionenpolitik, in: Nedelmann, B. (Hrsg.): Politische Institutionen im Wandel, Wiesbaden, S. 392-403

Luhmann, N. (1993): Wirtschaftsethik – als Ethik?, in: Wieland, J. (Hrsg.): Wirtschaftsethik und Theorie der Gesellschaft, Frankfurt am Main, S. 134-147

Luhmann, N. (1986): Ökologische Kommunikation, Opladen

Meyer, J.W., Rowen, B. (1977): Institutionalized Organizations: Formal Structure as Myth and Ceremony, in: American Journal of Sociology, Vol. 83, S. 340-363

Offe, C., Preuß, U. (2005): The Problem of Legitimacy in the European Polity. Is Democratization the Answer?, unveröffentlichtes Manuskript, Berlin

Piotti, G. (2005): Deliberation, in: Beckert, J., Zafirovski, M. (Hrsg.): International Encyclopedia of Economic Sociology, London und New York

Scherer, A.G. (2005): Die multinationale Unternehmung als politischer Akteur in der globalisierten Welt, unveröffentlichtes Manuskript, Zürich

Streeck, W. (1997): Beneficial Constraints: On the Economic Limits of Rational Voluntarism, in: Hollingsworth, R., Boyer, R. (Hrsg.): Contemporary Capitalism. The Embeddedness of Institutions, Cambridge, S. 197-219

Corporations and Citizenship

New Perspectives on Corporate Power and Responsibility

Dirk Matten, Andy Crane and Jeremy Moon

1. Business-society Relations as an Arena for Citizenship[1]

This paper applies the metaphor of citizenship to business-society relations. We chose this metaphor because it raises important questions of power and responsibility which are in turn central to the developing agendas of business-society relations in the context of innovation.

Whilst many studies which apply the idea of citizenship to corporations and to business-society relations adopt a single perspective, that of corporate citizenship or membership of society, we adopt a three dimensional perspective by analysing corporations: as if they were people-type citizens; as if they were governments in relation to people as citizens; and as if they create an arena for people to enact citizenship. Through these conceptualisations we examine the different ways in which corporations possess and structure citizenship status, entitlements and processes. We do so in the context of two important and seemingly contradictory contemporary developments in business-society relations: the nature and appropriateness of increasing business power and the new claims being made by firms about their being socially responsible.

---

[1] This chapter draws on our *Corporations and Citizenship,* Cambridge University Press (2008). It incorporates and develops our thinking in: Crane et al. 2004; Matten/Crane 2005; Moon 1995; Moon et al. 2005 and Crane et al. 2008.

We use the concepts of citizen and citizenship in their metaphorical sense.² As mentioned, we apply them to corporations in three ways: corporations as citizens who participate in political communities and authorise governments to rule therein; corporations ruling political communities through deploying government-like powers and responsibilities; and corporations creating opportunities or arenas for their stakeholders to act in citizenship-like ways. There will always be debate about citizenship's meaning, merits, and appropriateness. There are internal dynamics to this debate as new models of citizenship are developed against which practices are judged. As Marshall observed of the political concept of citizenship:

> "Societies in which citizenship is a developing institution create an image of an ideal citizenship against which achievement can be measured and towards which aspiration can be measured" (Marshall 1950, 29).

For corporations, the nature of these debates reflects social and business contexts within firms, among firms, within countries and among countries. Recognizing that, like its related political concepts, the metaphor of citizenship for corporations is essentially contested (Gallie 1956) does not, of course, obviate the need for closer investigation into its theoretical appropriateness.³

Corporations are generally regarded as the most prominent organisations of contemporary capitalism in part because of the employment, production, investment, and wealth that they account for. They are now generally understood to be non-governmental profit-making business enterprises owned by shareholders who control the overall firm policy but managed by the agents of the owners. Their legal identity is distinct from that of their members and their internal governance regimes reflect government regulation and wider features of their national business systems (Albert 1991; Whitley 1999). However, numerous big businesses are known as privately-owned in that the shares in the company are not traded through stock exchanges. These remain a particularly important form of big business in parts of the world particularly Asia. Other big

---

² See Moon et al. 2004 for a discussion of the use of metaphors in the analysis of business.

³ See Moon et al. 2004 for a discussion of essentially contested concepts.

businesses are exclusively institutionally-owned (e.g. by banks, governments), a common form of business organisation in Rhenish capitalism of Germany, Austria and Switzerland, for example. The wider definition also brings in cooperative businesses, particularly prominent in Southern Europe. Colloquially, the word corporation is generally used to denote any form of big, private business devoted to profit-making. This is the definition that we will use as the key issues of power and responsibility linked to the size, ownership and purpose of the firm, rather than to one particular feature, albeit a very important one, of ownership and control.

1.1 Business-society Relations

In the last decade or so there have been some radical developments in the agenda of business-society relations. These reflect changes in the corporations themselves and changes in the social and political context of business. Consideration of these developments has not simply been in the forums of university seminars and academic journals, nor of the pages of the financial media, nor yet in the agitprop media of the critics of corporations. The social status and impact of corporations has also been the subject of films (e.g. *The Corporation*, *Roger and Me*), of documentaries (e.g. *The End of Politics*, *Supersize Me*) and "airport literature" (e.g. *No Logo*).

These and other forms of media coverage have brought to mass attention a whole range of issues which reflect or address business activities. For example, the role of Shell in Nigeria and the extent of its responsibilities for the social, political and economic status of the Ogoni people has raised questions about the extent to which a corporate presence is an implicit endorsement of governmental actions and the extent to which corporations should bring pressure to bear on governments. Conversely, the role of oil companies in benefiting from the US invasion of Iraq and the subsequent political settlement has animated anxieties about such close involvements with government. Recent concerns about obesity in western countries have raised the question of the role and responsibility of fast-food businesses for the health and well-being of their consumers, echoing debates about tobacco companies', governments' and personal responsibilities for cigarette consumption and attendant health risks. The publication of the 2005 Nike Social Report in which its suppliers are named and their working pay and conditions independently audited and reported represented a new landmark in the extent to which a western-based retailer is prepared to take responsibility for its supply chain.

Bringing some of these themes together, we can see two simultaneous and seemingly contradictory trends. On the one hand, there is a critique of what is deemed excessive business *power* such that the rights of citizens and the powers of governments (assumed in this critique to be protective of citizens' interests) are weakened. On the other hand, there are claims by businesses that they are taking more *responsibility* for society, or as acting as ‚corporate citizens', and there are more clearly articulated expectations by citizens and governments that corporations should take greater responsibility for society.

The view that corporations are assuming excessive power is manifest in various ways. At the level of political practice, this is evident in the anti-globalisation movement. This is a very heterogeneous movement, in terms of philosophy, organisation and tactics, but united in a main target of corporate operations across a range of countries. Their central critique is not simply that corporations have power but that this is magnified by the ‚global' nature of multi-national corporations, or MNCs. In some cases, anti-globalisation reflects hostility to the cultural referents of particular brands, as in the attack on McDonald's outlets in France. In other cases, it reflects a critique of the business practices of major corporations through, for example, the terms and conditions of employment in the third world subsidiaries or supply chains of western clothing and sports equipment companies, the concerns of various fair trade movements. As discussed earlier, a number of aspects of the innovation process in companies and their use of technology to address, or not address, global problems is a frequent topic of critics from this movement. In other cases it reflects a general critique of the political power that goes with global economic power and the way in which this compromises the position of governments, particularly in developing countries, in their deciding the terms of inward investment of such MNCs. Hence MNCs are accused of escaping tax law, of extracting excessive benefits from developing countries and of making improper payments to secure investment opportunities. These perspectives have also been witnessed in a new literature which is critical of the activities of particular corporations and corporate activity (e.g. Hertz 2001; Korten 2001; Monbiot 2000).

Contemporaneously, corporations have been claiming that they are acting more responsibly. Even sceptics of the idea that businesses should compromise their core market activity have noted this trend. Martin Wolf, Chief Economics Commentator of the *Financial Times*, commented that there is a sense that corporate social responsibility is "an idea whose time has come" (2002, 62) and Clive Crook, Deputy Editor of *The Economist* observed that "over the past ten years or so, corporate social responsibility has blossomed as an idea, if not as a coherent practice" (2005, 3).

At the nominal level, corporations claim to be acting more responsibly through the adoption of such terms and self-descriptions as corporate citizenship, corporate social responsibly, business ethics and sustainable business. In many cases, corporations go beyond the mere adoption of sociable labels, they also seek to integrate their responsibility into their brands (e.g. BP claims to be a green energy company). Reflecting the fundamental openness to accept responsibility for the societal role of his company, Jean-Pierre Garnier, CEO of the pharmaceutical multinational GlaxoSmithKline, argued in a recent interview:

> "I don't want to be the CEO of a company that caters only to rich countries. I'm not interested" (*Financial Times*, 22.VII.2005).

Whilst there may well be certain business advantages to the use of images of corporate responsibility in marketing and branding, this can also be a source of cynicism. Critics may well ask what lies behind the brand?

In many cases this can be substantiated by organisational manifestations of new forms of responsibility. Many companies have now developed organisational resources and processes to reflect their increased social commitments, be it defined as corporate citizenship, corporate responsibility, or sustainability. Sometimes these are free standing and in other cases they are housed in larger functional units. Some companies are assigning board level responsibilities for these new social relations. Another manifestation of new social relations is that many companies are developing programmes and policies to substantiate their commitments and organisational innovations. These range from community involvement, through concern with responsibility in the products and processes, to attention to their labour relations. Community involvement to some extent reflects a traditional commitment to philanthropy on the part of companies, whether reflecting religious and ethical commitments or more functional concerns with labour force loyalty and productivity.

However, today corporations are viewing community involvement in much more systematic rather than discretionary fashion and doing so in a way that reflects a more self-conscious stakeholder approach. Concern with the products and processes reflects a decision to ensure that goods and services reflect various social expectations in their composition, in the ways in which they are produced, and in the social and environmental externalities thereby created. Sometimes this includes securing third party audits and verification. Thirdly, many companies are also investing greater resources in workplace conditions and even in the extra-work circumstances of their staff, reflecting new demands in the area of work-life balance and new attitudes to and expectations of employment.

In some cases these new areas of company activity have been complemented by self-regulation. An obvious means to this end is through the use of external or internal corporate codes to guide and benchmark responsible behaviour of corporations and their employees. Although these are often criticised for their lack of wider accountability, they do bring opportunities for corporations to develop policies which reflect and complement their own range of commercial activities. Moreover, some companies are developing codes which provide for independent verification and certification, often in collaboration with stakeholder organisations.

Another manifestation of greater company concern with their social relations is their preparedness to join business associations whose purpose is to encourage and develop the social face of business. For example, in the UK over 700, mainly large, companies are members of Business in the Community (BITC). BITC provides a variety of services and awards in the area of socially responsible business through its national and regional offices, though it emphasises that membership itself should be a step to a more reflective and proactive style of engagement with society. There are similar association in the USA (e.g. Business and Society). Internationally there are other business associations to encourage more responsible business, e.g. CSR Europe or the International Business

Leaders' Forum. Membership of the UN Global Compact entails commitment to ten principles covering human right, labour standards, the environment, and corruption.

Another important development has been the growth of social reporting, be it within general company communications, in dedicated social responsibility reports, or within their annual reports. Some go so far as to legitimise their reports through external verification and stakeholder engagement (e.g. British American Tobacco, Nike). Various indicators of business responsibility have also been developed and adopted in tandem. Some of these reflect agreement among corporations about appropriate reporting norms (e.g. Global Reporting Initiative).

A new burgeoning of CSR consultants suggests that companies are prepared to pay for advice about their CSR (Fernandez Young et al. 2003). There have also emerged new responsible business professional networks (e.g. CSR Chicks, Lifeworth, Association of Sustainability Professionals). A new business media on socially responsible business is also emerging. This includes dedicated media outlets (e.g. *Ethical Corporation*, *Ethical Performance*) as well as greater attention to these themes in the mainstream media, illustrated by the *Financial Times'* employment of a CSR correspondent and recent special supplements of corporate social responsibility in *The Economist* (22.I.2005), *The Independent* (23.III.2005) or the *Financial Times Deutschland* (7.XII.2005).

So, in conclusion, there is plenty of evidence that corporations are at least keen to be regarded as behaving more responsibly and there is also plenty of evidence of resources being invested in organisational developments consistent with this. What explains these developments?

1.2 Recent Shifts in Business-society Relations towards the Political

Having sketched something of the changing nature of business-society relations, we now turn to providing some explanation for the trends that we have identified. This section is divided into two parts, the first addressing the drivers of business power and the second addressing the movement for corporate social responsibility.

Corporations are acquiring an increasingly conspicuous and, in some respects, contentious profile. There are various reasons for this. Corporations have acquired a greater share of economic participation following widespread privatisations; they have created new consumer markets; their cross border activities appear to have increased; and they have assumed greater roles in the delivery of public goods.

First, corporations have acquired more commercial opportunities. In many parts of the world this results from the waves of privatisations in what were already capitalist economies witnessed over the last quarter century (e.g. in Australia, New Zealand, the UK, the USA). Elsewhere this has resulted from more abrupt shifts following the collapse of communist regimes. As a result corporations have become responsible for more facets of citizens' lives than they used to be. In many communities, what was once delivered, for better or for worse, by governmental organisations (e.g. telecommunications, energy, water, mass transport) is now delivered by private corporations. Although governments have tended to retain regulatory, fiscal and organisational capacities, the tides of privatisation have not only had the effect of increasing the corporate sector's share of gross national product and employment but also of yielding to corporations pivotal roles in policy areas previously regarded as fundamentally political (e.g. investment in and performance of transport and utility companies; access to and use of such natural resources as water, oil, and gas).

Secondly, corporations appear more conspicuous because they have created new consumer markets. This is most obviously true where there have been recent increases in the range and availability of consumer goods (e.g. China). However, it also reflects longer-term shifts in western societies from ‚the politics of production' to ‚the politics of consumption'. The increasing commodification of life is evident in such domestic activities as home improvements, gardening, and sports.

Thirdly, corporate cross-border activities have grown. Thus, corporations are often more conspicuous simply because they are large and foreign rather than small or medium and local. This is manifest in vast increases in national foreign direct investment and international intra- and inter-company trade. This is in turn predicated on trade liberalisation facilitated by political reforms, increased access to developing economies, technological change, economies of scale and scope, and cultural homogenisation. For corporations, globalisation thereby offers opportunities to increase growth, stabilise performance, exploit new investment opportunities, and increase market power.

Fourthly, there is evidence of wider changes in patterns of societal governance such that governments have reduced some modes of exercising their authority (see Moon 2002). In addition to the effect of the privatisation of governmental responsibilities in creating new market opportunities for business (see above), another corollary is that governments have actually encouraged corporations to contribute to wider governance activities. Similarly, many western companies operating in developing countries undertake such responsibilities in lieu of governmental provision, be it in the provision of pensions, education, worker rights and opportunities, and environmental responsibility. This expansion of corporate profile thus in part reflects regulatory failure and regulatory vacuums.

At the same time as these powerful drivers of increased business power have gathered pace, other contemporary phenomena have encouraged corporations to behave more responsibly. We divide these drivers into market, social regulation, and government regulation: they amount to trends towards a socialisation of markets.

A number of market drivers for more responsible business behaviour have emerged. There are new consumer demands for products and processes which reflect more socially responsible practices. Although some of the public opinion data on consumers' preparedness to punish irresponsible retailers may disguise the effect of price in their actual spending choices, certain new niche markets reflect new social values (e.g. as met by The Body Shop, Green Mountain, ethical trade systems) and of periodic occasions when consumers can be mobilised in consumer boycotts (e.g. boycotts of American sports wear companies' Bangladesh suppliers employing child labour).

There is also evidence of a greater impact of investors on the agenda of corporate social responsibility. This in part reflects the development of systems of socially responsible investment (SRI) and also the expansion of SRI agendas into wider investment criteria. Although SRI funds still only account for a relatively small share of total investments (about 15% in the USA, 5% in the UK), these are growing and becoming more engaged with companies. Moreover, general investment funds have also taken an interest in SRI criteria, from risk and corporate governance perspectives.

Employees' expectations are also informing corporate social responsibility. This in part reflects new assumptions about their employers' responsibilities in the work-life balance. In addition, companies are regarding their social responsibilities as part and parcel of being a good employer, both in order to attract and retain employees. Some companies regard the composition of their workforce as linking their social responsibility with their market orientation.

Business customers are increasingly imposing supply chain assurance and auditing systems, particularly international branded businesses which are in turn responding to social regulation of western NGOs (see below). Moreover, competitors can also be a driver of greater business responsibility as they use their social involvement as a feature of their competitive branding.

Turning to social regulation, NGOs have emerged as prominent shapers of social agendas which articulate social expectations of business. NGOs such as Greenpeace, the World Wildlife Fund, Amnesty International, Oxfam have developed critiques of individual businesses and types of business practice rather than just of governments and capitalism in general. Whereas initially these NGOs tended to take an adversarial perspective on corporations, there are now instances of more cooperative relationships such as Amnesty International's collaboration with the International Business Leaders' Forum in developing a human rights road map. The impact of NGOs on business responsibility agendas has been assisted by IT developments enabling ready communications between developing world and western NGOs and by the interest of the western media in bringing NGO concerns to wider public attention. Thus, issues such as the working conditions in developing country suppliers of western countries have become familiar with wide sections of western societies.

Governments themselves have also taken an interest in encouraging increased business responsibility. Although some definitions of corporate social responsibility would appear to exclude activities that are required by law or regulation, many governments have sought to use various forms of soft regulation to encourage business to take greater responsibility for social agendas through mandating, partnering, facilitating, and endorsing (Moon et al. 2004). The Australian Prime Minister's Business Leaders' Roundtable and the UK Minister for Corporate Social Responsibility illustrate governmental interest in endorsing greater corporate social responsibility. OECD governments have sought to facilitate multinational corporations to comply with the OECD Guidelines for Multinational Enterprises by acting as a national contact point to support companies seeking to conform to the standards set out in the Guidelines. The UK government's Ethical Trade Initiative and the CSR Academy illustrate the readiness of government departments to bring their fiscal and organisational resources to partnerships with business and non-governmental organisations in order to advance social agendas in business.

1.3 Corporate Power and Responsibility

Some of the key issues that arise concerning corporations and citizenship derive from both their relationship to other sources of power and from the significance of their power relative to that of others in society. As in other institutions such as governments, churches, and trade unions, the power of corporations is itself a resource for irresponsibility, corruption, and deception. Thus, there has been an interest in finding appropriate balances between enabling corporations to fulfil their claimed purposes of meeting demands, employing people, and returning profits to owners with restraining them from exploiting the powers that go with these purposes inappropriately. This has been an abiding theme in debates about corporations and society from Charles Dickens' stories of early nineteenth century British capitalism through to more recent debates about the allocation of responsibilities for the Enron and Parmalat collapses and measures to prevent repetitions.

Hence, we take the view that consideration of corporations and citizenship should be contextualised by the themes of power and responsibility. After all, the whole significance of the broader concept of citizenship: it is about identifying, allocating, delineating, restraining, relating, and operationalising power and responsibility. Thus political debates have raged about who is or who should be a citizen because of the opportunities that political power affords and the responsibilities that citizens either expect to be shown to them or which are expected of them. Corporations, like people, both have power and are subject to power. They are both attributed responsibility and they claim responsibility. Clearly, power and responsibility are closely related. The possession of power is often a pre-requisite to the ability to take responsibility, yet its possession is also regarded as a reason for which its custodians, users, and beneficiaries are expected to exercise responsibly.

Most debates about corporations and power revolve around evaluations of corporations' own power and estimations of appropriate constraints upon them that can be affected by the application of governmental including judicial power (i.e. regulation) or mutual power (i.e. self-regulation). These impositions of power on corporations are often designed to protect investors, employees, and societies from the abuse of corporate power. But they also extend to meet collective business (and arguably societal) interests by enabling fair and free competition among corporations. Debates about corporations and responsibility also revolve around the relative responsibilities that corporations owe to their owners and to their other stakeholders such as their investors, employees, and customers, and wider societal interests. This introduces powers afforded by systems of corporate governance. Debates persist here, particularly over who should have power over the corporation and to whom are its executives responsible. This is most vividly illustrated in the somewhat caricatured attribution to Milton Friedman that the responsibilities of managers are solely to the company owners[4] which is pitted against the various applications of stakeholder theory to corporations' responsibilities.

The concept of citizenship enables examination of the ways in which corporations deploy or temper their power to exercise responsibility, to who and why. This can be applied in three ways, first in the ways in which corporations can be considered as citizens. Secondly, certain new roles of corporations are akin to those of governments and therefore raise the question of citizenship rights of people who are affected by corporate

---

[4] He specified that this should be within customary ethics and the law, and also acknowledged the mutual benefits of corporate community investment even though he thought that this should be better described as corporate self-interest rather than responsibility (Friedman 1970).

activities. Thirdly, and relatedly, following the logic of stakeholder power and arguments about corporate responsibilities to their stakeholders, corporations create arenas for stakeholders to act as citizens, both in respect to the corporations themselves but also in wider societal governance.

It could be argued that our threefold distinctions are rather artificial. We would concede that, from an Aristotelian perspective, these distinctions might seem otiose: the three perspectives could be regarded as mutually reinforcing facets of citizenship. However, for the purposes of evaluating corporations this approach brings the advantages of general conceptual clarity in a field where this is sometimes lacking and of underlining the political significance of our dimensions of corporate citizenship. By distinguishing the different power relations and responsibility roles that corporations adopt, we are better able to identify the dynamic qualities of corporations in context. As a result, our findings can be addressed to wider questions of institutional review in global governance. Of course, the three general conceptualisations of corporations and citizenship that we adumbrate are differentially experienced according to the respective societal and corporate governance systems that different political communities have developed.

2. Applying Citizenship to Corporations

We argue that the concept of citizenship is appropriate for consideration of the power and responsibility of corporations for several particular reasons. First, the very fact that corporations use the term corporate citizenship as one of several synonyms for their greater social responsibility warrants taking seriously. This enables us to evaluate corporations in part on their own terms. Secondly, citizenship is a concept which is expressly concerned with social relations of power and responsibility which, as we have suggested, enframe many of the current debates about contemporary business-society relations. More specifically, citizenship is an organising principle for aligning powers and responsibilities *among* members of political communities (i.e. on a horizontal dimension) and *between* them and other institutions wielding power and responsibility (i.e. on a vertical dimension).

Thirdly, the concept of citizenship is at the heart of wider debates about societal governance of which corporations form a key part. Thus, critiques of corporate power are often underpinned by a view that citizenship autonomy and choice are being structured by corporate agendas. Alternatively, there is the view that these citizenship pre-requisites are being undermined as the key institutional representatives of citizens, democratic governments, are being superseded by corporate power. Yet more broadly, there is concern that the contemporary forces of globalisation and the undermining of national governments are also inimical to effective citizenship. Although this latter point does not necessarily directly relate to corporations, by virtue of their role as agents of globalisation (e.g. through foreign direct investment, global supply chains) they are implicated in broader political debates about citizenship. Paradoxically, this point parallels other broader citizenship themes as globalisation raises questions of changing and even multiple citizenship through new patterns of migration and political identity. Perversely, perhaps, the view that governments are becoming increasingly ineffective, be it because either of globalisation or corporations, is also associated with the view that citizenship is endangered by the evidence of voter apathy in many developed political systems (though not, it seems in places where democracy is relatively new such as South Africa, Ukraine, Iraq).

We adopt T.H. Marshall's definition of citizenship as comprising three types of rights: civil, political and social (1950). However, we adapt his classification from simply being rights based and follow the Aristotelian assumption about duties of citizenship, to each other and to the polity as a whole. Civil rights consist of those rights that provide freedom from abuses and interference by third parties (most notably governments), among the most important of which are the rights to own property, exercise freedom of speech, and engage in ‚free' markets. We refer to these rights and corresponding duties as citizenship *status*. In contrast to these more passive rights (which government respects or actively facilitates), the second category of political rights moves beyond the mere protection of the individual's private sphere and towards his or her active participation in society. This includes the right to vote or the right to hold office and, generally speaking, entitles the individual to take part in the process of collective will formation in the public sphere. We refer to these rights and duties as citizenship *processes*. Thirdly, Marshall's social rights consist of those rights that provide the individual with the freedom to participate in society, such as the right to education, healthcare, or welfare. We refer to these rights and duties as citizenship *entitlements*. In the next section, which fleshes out our three dimensions of citizenship, we will outline different configurations of status, processes, and entitlements of citizenship.

3. Three Conceptions of Corporations and Citizenship

As the changing roles of corporations in business-society relations are complex and multi-faceted, rather than cram all of these relationships into a single conception of citizenship, we present three different ways in which the concept of citizenship illumines the powers and responsibilities inherent in business-society relations. In each of these conceptions, we distinguish different roles and relations for *corporations*, for *governments*, and for *citizens*, by which we also refer to what others describe as the third sector, or societal NGOs.

3.1 Corporations as Citizens (see Figure 1)

The first conception focuses on corporations as citizens that are ruled but also participate in the functioning of the overall political community. Thus, there are ways in which corporations, like other citizens in democracies, are members of communities and engage with other members to enhance the social fabric. In addition, like other citizens, corporations periodically bring their interests and values to the formal governmental processes of law making, implementation, and adjudication within their political community. In this conception corporations are on a similar horizontal relationship with other corporate citizens and human citizens. Like human citizens, corporate citizens are also in a vertical relationship of power with government, in which the citizens ‚author' the authority of government, most obviously through elections, and thus governments are responsible to these citizens. However, within the parameters of their legitimate authority, governments are also empowered to govern all citizens. Corporations can be considered as if they were citizens in as much as they work ‚with' and participate ‚in' society and in bringing their concerns to government and reacting to government legislation and executive action. The focus here, then, is on how corporations share status and process elements of citizenship (for details see Moon et al. 2004).

Figure 1: Corporations as Citizens

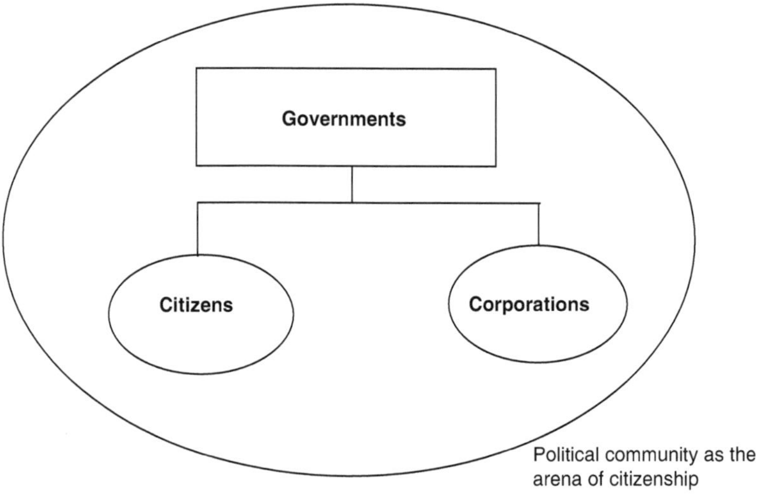

[Diagram: An oval labeled "Political community as the arena of citizenship" containing "Governments" at the top connected to "Citizens" and "Corporations" below.]

Arguments about corporations being like citizens can have a number of sources, though these are not necessarily mutually consistent. Since medieval times, European business people engaged in citizenship-like ways through their membership of and participation in their guilds, the forerunners of business associations, which provided systems of governance within individual trades and forms of mutual support. In early phases of representative politics, business ownership enabled people to meet a property franchise. Secondly, corporations could be considered as part of society in that their members, be they owners, managers or employees, are human members of societies. Relatedly, traditions of industrial paternalism or industrial philanthropy speak of the social face of business. Theories of business legitimacy are often premised on the need for corporations to win the approval of society for their individual and collective existence and success. Some theories identified social objectives with normal business activity:

> "Building a better community; improved education; better understanding of the free enterprise system; an effective attack on heart ailments, emphysema, alcoholism, hard chancre or other crippling disease; participation in the political party of choice; and renewed emphasis on regular religious observances are examples of such further goals" (Galbraith 1974, 184).

The idea that corporations could be considered as if they were citizens can also draw on the slightly different sort of argument that corporations have a distinct functional identity: they are praised or blamed, they make deals, enter into contracts, and develop internal decision-making system and structures independent of the people within the company. A further variant is the significance of corporations' distinct legal identity. In essence, incorporation presumes that the businesses are recognised as being capable of acting il/legally and as having duties and rights of legal protection and compensation. Businesses can enter into legal agreements, own property, employ workers, sue and be sued. As a result a company can be treated in the eyes of the law as if it is an ‚artificial person'. More generally, the application of the citizen metaphor to corporations can draw on the argument that

> "every large corporation should be thought of as a *social enterprise*; that is, as an entity whose existence and decisions can be justified only insofar as they serve public or social purposes" (Dahl 1972, 17).

Although there are clearly limits to the application of the citizenship metaphor to corporations particularly regarding their *status* (e.g. they do not vote or sit on juries), nonetheless they participate in various *processes* of citizenship. First, corporations engage in various forms of lobbying, be it of governments or of business associations or of the media. This is akin to pressure group activity, justified in liberal democratic politics as an extension of participation through voting. Secondly, corporations participate within community processes of decision-making and mobilization. This might include membership of ‚social' partnerships with non-profit and governmental organizations. These might be concerned with such matters as local economic development, education, or environmental concerns. Thirdly, corporations can align their activities with broader social agendas as captured in the terms sustainability and ‚triple bottom line' thinking, with its commitments to social justice, environmental responsibility, and economic development (Elkington 1999). Corporations may even open their own processes to social engagement as in systems of stakeholder reporting and in deliberation over the targets of corporations social investments. Moreover, corporations can enjoy *entitlements* which are akin to those of citizens such as protection under the law and eligibility for subsidies under various public policy regimes (e.g. for training programmes).

3.2 Corporations as Governments (see Figure 2)

Here we refer to the ways in which corporations are acting as if they were governments and are responsible for the delivery of public goods and for the allocation, definition, and administration of rights. This could either be in substitution for government, in the absence of government, or in areas beyond the reach of governments, specifically internationally. Such developments raise important questions for the governing of citizenship even though the cases of corporations replacing citizens entirely are rare (e.g. ‚company towns', corporations' health and education systems in developing countries). In such a conception the corporation shares a horizontal dimension with government and is vertically aligned with human citizens within a political community. The focus here, then, is how corporations inform the status, processes, and entitlements of people as citizens (for details see Matten/ Crane 2005).

First, corporations might become involved in governing citizenship where government ceases to do so. This situation mostly occurs as a result of institutional failure and new political ideology in liberal democracies and in the shift from communist to capitalist systems in transitional economies. This may happen either when corporations have opportunities to step in where once only governments acted or where corporations are already active but their role becomes more pronounced if governments retreat.

Figure 2: Corporations as Governments

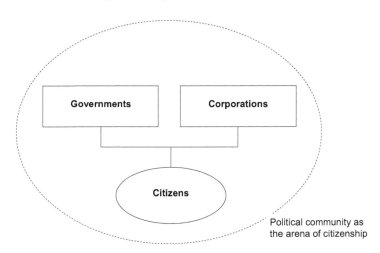

Thus corporations can become more responsible for citizen *entitlements* of former public services. We see corporations increasingly active in the takeover of former public services, such as public transport, postal services, healthcare, or education. In fact, many so-called ‚corporate citizenship' initiatives are fundamentally equivalent to corporate philanthropy and targeted at reinvigorating (or replacing) the welfare state, such as improving deprived schools and neighbourhoods, sponsoring university education or the arts, or setting up foundations for health research.

Although the status of citizens is generally the preserve of governments in developed countries, corporations become directly involved in the ways citizens can claim status by their participation in labour and product markets and in down-sizing industries where governments may have taken responsibility. Similarly, civil rights of prisoners are increasingly a corporate responsibility as correctional and security services are privatized. Governmental failures in developing or transforming countries shift the focus to corporations as Shell found in Nigeria when it was implicated in the failure of the state to maintain the protection of the civil rights of the Ogoni people. It is now suggested that corporations should 'step in' when the status of citizens is threatened in such circumstances.

In terms of *citizenship processes*, corporate roles appear more indirect in that they can help facilitate, enable, or block certain political processes in society, rather than directly taking over formerly governmental prerogatives. Thus many political issues are now directed at corporations rather than at governments (e.g. anti-corporate protests, consumer boycotts). Hence, rather than replacing governments, corporations here could be said to have provided an additional conduit through which citizens could engage in the process of participation.

Second, corporations become active in the citizenship arena where government has not as yet assumed the task of governing. Historically, this was the situation that gave rise to paternalistic employee welfare programmes by wealthy industrialists in the nineteenth century. More recently, exposure to this situation for multinationals is particularly a result of globalization, where lack of local governance in developing countries presents corporations with a choice as to whether to step in as ‚surrogate' governments. Corporations such as Nike, Levi Strauss, and others which have ensured employees a living wage and finance the schooling of child labourers have entered into relationships concerning *entitlements* with citizens of developing countries. This possibility may be extended by the TRIPS agreement in which large pharmaceutical companies undertake obligations to provide free or discounted drugs where governments are unable to provide them.

In the case of *citizenship status*, there is evidence that corporations can encourage or discourage oppressive regimes extending citizenship status as under the apartheid period of South Africa and more recently in Burma, Chad, Uganda, and Sudan. More widely a new range of civil rights and other status issues are emerging, in particular issues of privacy and protections of basic freedoms, surrounding new IT and biotechnology industries. These responsibilities often emerge because governments have not worked out their preferred regulatory regime, but nevertheless can have massive implications on life choices of citizens. Similarly, in *processes* of citizen participation, corporations can act as a default option in the absence of government responsibility as in Burma where citizens dispossessed of rights to vote might turn to lobby corporations.

Third, corporations become involved where the governing of citizenship is beyond the reach of the nation state. These situations are a result of the globalization of business activities, an increasing liberalization and deregulation of global economic processes, and escalations in transborder activity by corporations in which citizen status, entitlements, and processes are associated with supranational or *deterritorialized* entities such as global markets or the ozone layer.

Corporations can impact on *entitlements* through their leverage for ‚favourable' conditions for foreign direct investment which can translate into low social standards, depressed wages, and limited regulation of working conditions. Accordingly, it can become incumbent upon the actions of MNCs to protect (or not protect) social rights, such as through the introduction of global codes of conduct. Due to the globalization of certain financial markets nation states have only limited ability to protect certain aspects of *citizenship status*, particularly property rights over pensions and insurance.

Current changes in global governance have given impetus to corporations' role in governing *processes of citizenship* particularly with self-regulation through programs such as the Chemical Industry's Responsible Care or the Apparel Industry Partnership. Also corporations are playing an increasingly prominent role in such global regulatory bodies as the WTO, GATT, or the OECD that have significant impacts on the way governments all over the world govern their relations with their citizens.

3.3 Stakeholders as Citizens (see Figure 3)

Our third conception of citizenship introduces a rather different perspective upon corporations as it envisages circumstances whereby corporate activity itself can shape opportunities for corporations' stakeholders to act as if they were citizens in relation to the corporation. In this conception, corporations are aligned in vertical relations with a variety of stakeholders in the context not of governing the political community (as in our first and second conceptions), but of the corporation (or of corporate governance). The focus here, then, is on how corporations constitute an arena in which people can engage in citizenship processes, which may include engagement concerning the definitions of their status and entitlements (for details see Crane et al. 2004).

Clearly the ways in which stakeholders' citizenship status, entitlements, and processes elate to corporations varies enormously among individual stakeholder types such as investors (or owners), employees, customers and societal groups, and among national business systems, but generally the issue of rights has been central to stakeholder relations both in the normative (Donaldson/Preston 1995) and strategic variants (Freeman 1984).

Although the ownership relationship of investors to corporations is at one level a simple economic one, it does also raise issues of power and accountability which are not unlike certain citizenship issues. This political dimension is most evident in the notion of *shareholder democracy*, which presumes that a shareholder is entitled to have a say in corporate *processes* rather than simply accepting blindly managers' decisions (e.g. over executive pay, board membership). Social responsible investment funds now increasingly engage in extended dialogue with corporate leaders over issues such as human rights, diversity, and labour standards.

Employees are the stakeholders that are most frequently conceptualised in citizenship terms (Organ 1988) even though the usage has tended to emphasise solidarity rather than rights and duties. Even the *Harvard Business Review* countenanced the idea of "building a company of citizens" through the Athenian model of citizenship as a new democratic model of management (Manville/Ober 2003). However, employees also enact processes of participation through engagement with financial (through shareholding) and operational engagement, ranging from the most explicit in cases of negotiations about down-sizing to the, usually, more humdrum in the implementation of regulation and self-regulation. These *processes* clearly vary among national business systems but, again depending on those systems, these can also go to the heart of employee *status* and *entitlements*. In some cases we have seen evidence that corporations encourage some aspects of employee citizenship (e.g. solidarity with the firm), but at the same time discourage other aspects (e.g. *status* of unions).

Figure 3: Stakeholders as Citizens

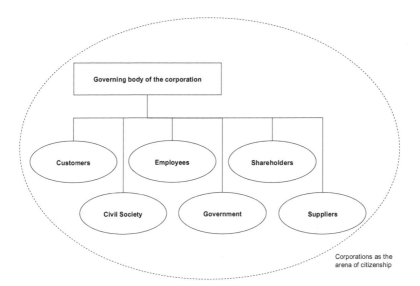

The idea of consumer sovereignty, central to justifications for markets, literally embraces the language of citizenship, reflecting freedom and authority. Although this is conventionally associated with the quality, price, and availability of product offerings, ‚ethical' or ‚political' values of consumers have also featured not only in purchasing decisions but also in the mobilisation of these values through NGOs which engage in more direct citizenship *processes* with corporations. In the cases of some aspirational goods, consumers can also acquire some citizenship-like status of certain branded corporations through their solidarity with the product/brand (e.g. Harley-Davidson). Clearly, the relationships between ‚consumer' and ‚citizen' role are difficult to disentangle, especially when citizens are increasingly being encouraged by governments to behave like consumers!

The combination of corporate global power and expectations of responsibility have brought the supply chain into new sharp relief as part of the arena of corporate governance. The power to purchase brings responsibilities to suppliers especially where purchasers are moving away from short-term, adversarial relationships. This can afford some suppliers, most obviously in the Japanese model, greater ‚insider' status and with it the informal, partial, and voluntaristic nature of partnerships which may enable protection of *status* even though this might inhibit wider *processes* of supplier ‚democracy'.

Finally, civil society organisations have often been corporations' greatest critics in purporting to represent the interests of sections of society, society in the round, and even the environment. Thus they may sometimes resemble human citizens at their most disgruntled. More broadly, they have been welcomed as an adjunct to formal modes of political citizenship because they offer avenues for self-development, active involvement in the community, as well as a form of collective representation to, or resistance to, government and other powerful actors through associations. On the other hand, they are the least formally engaged of the stakeholders we have considered, which inhibits the clarification of their *status*, *process,* and *entitlement* relations with corporations.

4. Conclusions: Citizenship and Corporate Responsibility for Innovation

Through consideration of the different citizenship relations of corporations we have attempted to signal how a host of powers and responsibilities which corporations have acquired or are attributed contribute to a full understanding of the social and political underpinnings of their market operations. Rather than see corporate social responsibility, corporate power, and corporate stakeholders as entirely distinct topics, as they are often treated in the literature, we have seen them as reflecting different aspects of these power and responsibility relations. Moreover, all three perspectives have illustrated how roles of corporations do not reflect only their economic operations but also their social and political context. Changes in systems of societal governance and in social demands and expectations have clearly informed the development of corporate roles, for better or for worse. These roles can bring different citizen status, process, and entitlements for corporations, citizens, and business stakeholders.

Our contribution is thus far mainly conceptual and suggestive of a research agenda which would, first, encourage greater focus on the political aspects of business-society relations alongside the economic. Secondly, it would encourage analysis which considers both power and responsibilities which attend any particular business-society relationship. Thirdly, our distinction of the ways in which business-society relations structure and reflect different citizenship status, processes, and entitlements offers a ready framework for research. Fourthly, our approach brings with it normative considerations, particularly concerning the appropriate balances of powers and responsibilities for corporations and other economic, social, and political actors.

Bibliography

Albert, M. (1991): Capitalisme contre capitalisme, Paris

Crane, A., Matten, D., Moon, J. (2004): Stakeholders as citizens? Rethinking rights, participation, and democracy, in: Journal of Business Ethics, 53(1), pp. 107-122

Crane, A., Matten, D., Moon, J. (2008): Corporations and citizenship, Cambridge

Crane, A., Matten, D. (2004): Business ethics – A European perspective. Managing corporate citizenship and sustainability in the age of globalization, Oxford

Crook, C. (2005): The good company, in: The Economist, 22.I.2005, p. 9

Dahl, R. (1972): A prelude to corporate reform, in: Business and Society Review, Spring, pp. 17-23

Donaldson, T., Preston, L.E. (1995): The stakeholder theory of the corporation: Concepts, evidence, and implications, in: Academy of Management Review, 20(1), pp. 65-91.

Elkington, J. (1999): Cannibals with forks: triple bottom line of 21st century business, London

Fernandez Young, A., Moon, J., Young, R. (2003): The UK corporate social responsibility consultancy industry: a phenomenological approach, Nottingham University Business School, ICCSR Working Papers No. 14

Freeman, R.E. (1984): Strategic management. A stakeholder approach, Boston

Friedman, M. (1970): The social responsibility of business is to make profits, in: New York Times Magazine, September 13

Galbraith, J.K. (1974): The new industrial state (2nd ed.), Harmondsworth

Gallie, W.E. (1956): Essentially contested concepts, in: Proceedings of the Aristotelian Society, 56(2), pp. 167-198

Hertz, N. (2001): The silent takeover, London

Korten, D.C. (2001): When corporations rule the world (2nd ed.), Bloomfield

Manville, B., Ober, J. (2003): Beyond empowerment: building a company of citizens, in: Harvard Business Review (January), pp. 48-53

Marshall, T.H. (1950): Citizenship and class and other essays, Cambridge

Matten, D., Crane, A. (2005): Corporate citizenship: toward an extended theoretical conceptualization, in: Academy of Management Review, 30(1), pp. 166-179

Monbiot, G. (2000): Captive state: the corporate takeover of Britain, London

Moon, J. (1995): The firm as citizen: corporate responsibility in Australia, in: Australian Journal of Political Science, 30(1), pp. 1-17

Moon, J. (2002): The social responsibility of business and new governance, in: Government and Opposition, 37(3), pp. 385-408

Moon, J. et al. (2004): Government as a driver of CSR, Nottingham University Business School, ICCSR Working Papers No. 20

Moon, J., Crane, A., Matten, D. (2005): Can corporations be citizens? Corporate citizenship as a metaphor for business participation in society, in: Business Ethics Quarterly, 15(3), pp. 429-453

Organ, D.W. (1988): Organizational citizenship behavior: the good soldier syndrome, Lexington

Whitley, R. (1999): Divergent capitalisms. The social structuring and change of business systems, Oxford

Wolf, M. (2002): Response to "Confronting the Critics", in: New Academy Review, 1(1), pp. 62-65

Die multinationale Unternehmung als politischer Akteur in der globalisierten Welt

Andreas G. Scherer

In diesem Aufsatz gehe ich der Frage nach, welche politische Verantwortung die multinationalen Unternehmen im Falle globaler Regelungsdefizite bzw. des Versagens staatlicher Institutionen wahrnehmen sollen und welche Legitimationsprobleme sich dabei auftun.

Der Beitrag ist wie folgt aufgebaut: Zuerst skizziere ich die Grundproblematik. Sodann erläutere ich die Position der ökonomischen Theorie zu Freihandel, Regulierung und sozialer Verantwortung der Unternehmung. Anschließend weise ich auf die Steuerungsgrenzen des liberalen Ordnungsmodells hin. Im letzten Teil diskutiere ich, welche Beiträge die internationale Unternehmensethik zur sozialen Verantwortung der Unternehmung leistet. Während der Stakeholder-Ansatz und die Business & Society- bzw. CSR-Forschung die Problematik nicht adäquat angehen, liegen mit der Nürnberger Unternehmensethik, dem Corporate Citizenship-Ansatz von Matten und Crane und unseren eigenen Überlegungen hilfreiche Beiträge vor, die allerdings besonders im Hinblick auf die Legitimationsproblematik noch weiterentwickelt werden müssen. Ich skizziere, wohin sich heute unsere Überlegungen bewegen und hoffe, bei den Lesern ein weitergehendes Interesse an diesem Forschungsprogramm zu wecken.

1. Globale Regeln für oder durch private Wirtschaftsakteure?

Wirtschaftliche Betätigung ist auf die Geltung von Spielregeln angewiesen, die der Markt selbst nicht hervorbringen kann. Eigentumsrecht und Vertragsrecht sind Mindestbedingungen, die in der modernen Gesellschaft vom Staat errichtet und gesichert werden müssen. Ohne diese Voraussetzungen kann sich der Markt nicht entfalten. Im Zuge der Entwicklung des modernen Nationalstaates hat sich der Staat nicht nur als Garant privater Rechte, sondern als demokratischer Verfassungsstaat auch als Garant politischer Beteiligungsrechte erwiesen. Als Wohlfahrtsstaat hat er schließlich für die Sicherung sozialer Rechte gesorgt.

Auch wenn Ausmaß und Grenzen staatlicher Betätigung, das Verhältnis von öffentlicher Fürsorge und privater Selbstverantwortung, staatlicher Bevormundung und privater Freiheit heute kontrovers diskutiert werden, so ist selbst bei liberalen Autoren unstrittig, dass der Staat die Rahmenbedingungen des Wirtschaftens errichten müsse und in dieser Funktion unersetzbar sei (vgl. im Überblick Block 1994).

In der globalisierten Welt ist die ‚Global Governance', also die Setzung und Durchsetzung verbindlicher Regeln mit transnationaler Wirkung, nun aber nicht mehr allein staatliche Aufgabe (vgl. Braithwaite/ Drahos 2000; Brozus et al. 2003; Günther 2001; Kingsbury 2003; Shelton 2000; Zürn 1998). Vielmehr beteiligen sich private Unternehmen ebenso wie zivilgesellschaftliche Akteure an der Formulierung und Durchsetzung von Regeln zu Politikfeldern, die ehedem im alleinigen Kompetenzbereich des Staates bzw. supranationaler Institutionen lagen, so z.B. bei der Einhaltung von Sozial- und Umweltstandards (vgl. Scherer/Smid 2000), bei der Garantie der Menschenrechte (vgl. Dine 2005; Kinley/Tadaki 2004; Weissbrodt/Kruger 2003), bei der Bekämpfung der Korruption oder auch bei der Sicherung des Friedens (vgl. Fort/ Schipani 2002).

Die Initiativen der Unternehmen sind vielfältig und haben inzwischen bereits viele Namen hervorgebracht: ‚Corporate Social Responsibility', ‚Corporate Sustainability', ‚Corporate Citizenship', ‚gesellschaftliche Verantwortung' oder ‚Unternehmensethik'. Viele Unternehmen formulieren Verhaltenskodizes und setzen diese in den eigenen Betrieben oder bei ihren Geschäftspartnern durch (vgl. Sethi 2002, 2003; Williams 2000). Sie beteiligen sich an Initiativen auf Verbands- oder Branchenebene, treten dem Global Compact der Vereinten Nationen bei (vgl. Annan 1999; McIntosh et al. 2004; Williams 2004; siehe auch www.unglobalcompact.org) und arbeiten nicht selten mit Nichtregierungsorganisationen und staatlichen Behörden bei der Identifikation und Bearbeitung von Problemen und bei der Produktion von öffentlichen Gütern in so genannten Public-Private-Partnerships zusammen (vgl. Reinicke et al. 2000; Risse 2002). Wie sind solche Initiativen nun zu beurteilen?

2. Multinationale Unternehmen als politisch verantwortliche Akteure? Ökonomische Theorie und Freihandelspolitik

Viele Ökonomen können eine Unterstützung solcher Initiativen zur sozial verantwortlichen Unternehmensführung nicht vorbehaltlos empfehlen. So argumentiert etwa der Ökonom Douglas Irwin im Hinblick auf Sozialstandards:

> "Still, the best and most direct way to raise wages and labor standards is to enhance the productivity of the workers through economic development. Trade and investment are important components of that development, and therefore efforts to limit international trade or to shut down the sweatshops are counterproductive" (Irwin 2002, 214).

In der ökonomischen Theorie hat sich die Auffassung durchgesetzt, dass nur unter den Bedingungen des freien Handels wirtschaftliche Entwicklung und Wohlstand weltweit gefördert werden könnten (vgl. Bhagwati 2002; Irwin 2002; Krauss 1997). Die Marktkräfte sollen freigesetzt werden, um das Kapital seiner besten Verwendungsrichtung zuzuführen und die Spezialisierungsvorteile der Arbeitsteilung weltweit zu nutzen. Eine Politik der weltweiten Harmonisierung von Sozial- und Umweltstandards würde dagegen bestehende Kostenvorteile der Entwicklungsländer mindern. Solche Standards wirken nämlich wie „nicht-tarifäre Handelsbeschränkungen" und behindern den Freihandel (vgl. Irwin 2002).

Vor diesem Hintergrund spricht sich auch der US-Ökonom Melvyn Krauss für eine vorbehaltlose Freihandelspolitik aus:

"The way to help poor people abroad is to open our markets to them not force them to adopt (...) human-rights standards" (Krauss 1997, 51).

Die wirtschaftliche Entwicklung müsse, so der amerikanische Entwicklungsökonom Robert Barro (1994, 1997) der sozialen Entwicklung und der Demokratisierung vorausgehen; dies gegebenenfalls auch unter Hinnahme sozial und ökologisch unakzeptabler Arbeitsbedingungen:

"[A] lousy job is better than no job at all" (Martinez-Mont 1996).

3. Multinationale Unternehmen als politisch verantwortliche Akteure? Ökonomische Theorie und soziale Verantwortung der Unternehmung

Die eben referierten Überlegungen der International Economics sind an die staatliche Politik gerichtet. Sie warnen vor einer Harmonisierung der Rahmenbedingungen oder vor einer Wiedererrichtung von Handelsschranken. Einige Ökonomen nehmen aber auch das Verhalten der multinationalen Unternehmen kritisch in den Blick (vgl. Levitt 1970; Henderson 2001; Jensen 2002; Sundaram/Inkpen 2004). Einschlägig ist hierbei das Diktum Milton Friedmans:

"The social responsibility of business is to increase its profits" (Friedman 1970).

Ziel seiner Kritik waren Initiativen von Managern, die nicht an der Gewinnerzielung des Unternehmens orientiert waren, sondern vielmehr an der sozialen Verantwortung. Friedman hat für derartige Initiativen kein Verständnis. Solche Manager verschwendeten das Geld anderer Leute. Als Agenten der Eigentümer der Unternehmen seien sie verpflichtet, allein im Gewinninteresse zu handeln.

Die Gewinnorientierung des Shareholder-Anatzes gilt nun nicht bedingungslos, vielmehr hätten sich die Manager zugleich an die Gesetze und die guten Sitten zu halten – Friedman spricht hier von den „basic rules in the society, both those embodied in law and those embodied in ethical custom" (Friedman 1970, 218).

Die Gewinnorientierung wird nämlich damit gerechtfertigt, dass sie zur Erhöhung der Gesamtwohlfahrt beiträgt und damit letztlich allen Mitgliedern der Gesellschaft dient (vgl. Jensen 2002). Dies gilt allerdings nur unter der Voraussetzung, dass der Staat Spielregeln definiert und alle Akteure auf die Einhaltung dieser Spielregeln verpflichten kann. Der marktwirtschaftliche Koordinationsmechanismus entfaltet sich in der gemeinwohlverträglichen Weise nämlich erst innerhalb einer politisch vorgegebenen Rahmenordnung (vgl. Homann/Blome-Drees 1992).

Die marktgerechte Gestaltung der Rahmenordnung obliege, so die Vorstellung des Liberalismus, grundsätzlich dem Staat. Die staatliche Ordnungspolitik soll die Regeln definieren, unter denen sich die ökonomischen Prozesse erst gemeinschaftsverträglich entfalten können. Das Ordnungsmodell fußt damit auf einer Trennung von staatlicher Politik und privater Wirtschaft. Der Staat setzt die Spielregeln, die Unternehmen gehen innerhalb dieser Spielregeln ihren Gewinninteressen nach.

4. Steuerungsgrenzen des wirtschaftsliberalen Ordnungsmodells

Fraglich ist nun allerdings, ob dieses gesamtgesellschaftliche Steuerungsmodell auch unter den Bedingungen der Globalisierung noch adäquat ist (vgl. hierzu kritisch Kobrin 2001; Scherer 2003a, 2004). Trotz aller Skepsis der Liberalen gegen einen zu starken Staat, mutet das wirtschaftsliberale Ordnungsmodell dem Staat doch eine Regulierungskapazität zu, die heute angesichts der Steuerungsgrenzen von (positivem) Recht und Bürokratie einerseits und der Auswirkungen der Globalisierung andererseits fraglich geworden ist.

In der modernen Gesellschaft ist der Staat gar nicht mehr in der Lage, sämtliche auftretenden gesellschaftlichen Konfliktlagen zu durchschauen und zu antizipieren und hierfür allgemeine Regeln – d.h. Gesetze und Verordnungen – bereitzustellen (vgl. Stone 1975). Durch die Globalisierung wird diese Situation nun noch verschärft (vgl. Beck 1997; Habermas 1998; Kobrin 2001; Scherer/Palazzo 2007, 2008a, 2008b). Die wirtschaftlichen Beziehungen überschreiten nicht nur in großem Ausmaß die territorial definierten Geltungsgrenzen staatlicher Regulierung und Bürokratie.

Aufgrund der technologischen Entwicklung werden die Unternehmen zudem in die Lage versetzt, ihre Wertschöpfungsprozesse aufzuspalten, auf verschiedene Standorte zu verteilen und über Staatsgrenzen hinweg zu koordinieren. Sie sind nicht mehr, wie noch im wirtschaftsliberalen Steuerungsmodell vorausgesetzt, den vom Staat definierten Spielregeln unterworfen. Vielmehr können sie unter alternativen Regeln nach ökonomischen Kriterien auswählen (vgl. Ghemawat 2003; vgl. zu einer solchen Strategie kritisch Scherer 2003a, 2004). Indem die wirtschaftlichen Aktivitäten den politischen Raum staatlicher Regulierung verlassen, wird die innere Souveränität des Staates unterwandert. Das Primat der Politik vor der Wirtschaft wird somit ausgehebelt.

Bemerkenswerterweise wird der Steuerungsverlust des Nationalstaats von einigen Ökonomen gar nicht als Problem des wirtschaftsliberalen Ordnungsmodells wahrgenommen. Vielmehr erblicken sie im einsetzenden Standort- und Regulierungswettbewerb eine willkommene Gelegenheit, den Einfluss des Staates zurück zu schneiden, Überregulierungen abzubauen und damit den Markt besser zur Geltung kommen zu lassen (vgl. z.B. Siebert 1998).

Vorausgesetzt wird dabei, dass der Systemwettbewerb funktioniert und sich im Ergebnis ein optimales Regulierungsniveau einstellt. Übersehen wird allerdings zugleich, dass ein funktionierender Wettbewerb Spielregeln voraussetzt, die von einem Schiedsrichter gesetzt und gegenüber den Spielern durchgesetzt werden müssen. Für den Güter- und Leistungswettbewerb fällt diese Rolle dem Staat zu, der mittels Wettbewerbsrecht und Kartellbehörde eingreift. Für den Systemwettbewerb gibt es dagegen keine vergleichbare Institution auf globaler Ebene.

5. Soziale Verantwortung der Unternehmung in der BWL –
Der Beitrag von Stakeholder Theorie und Business & Society

Die Betriebswirtschaftslehre hat auf diese Entwicklungen bislang größtenteils nur sehr verhalten reagiert. Dies gilt insbesondere für Forschungen unter den Stichworten ‚Stakeholder Theorie', ‚Business & Society' oder ‚Corporate Social Responsibility'. Gemeinsam ist vielen dieser Ansätze, dass sie die ökonomische Rolle der Unternehmung stillschweigend anerkennen (vgl. kritisch Vogel 2005). Sie schaffen damit keine geeignete Grundlage für ein neues Verständnis der politischen Rolle der multinationalen Unternehmung (vgl. hierzu kritisch Margolis/Walsh 2003; Scherer/Kustermann 2004; Scherer/Palazzo 2007; Scherer et al. 2006).

Der Stakeholder-Ansatz von Edward Freeman macht darauf aufmerksam, dass Manager im Rahmen des Strategischen Managements nicht nur die Ansprüche der Kapitaleigner, sondern vielmehr eine Vielzahl von Anspruchsgruppen berücksichtigen müssen (vgl. Freeman 1984; Freeman/McVea 2001). Entscheidend sei dabei der Grad, inwieweit eine Anspruchsgruppe in der Lage ist, den Erfolg des Unternehmens zu beeinflussen. Damit wird aber deutlich, dass die Stakeholder-Orientierung vollständig zum Zwecke der Gewinnerzielung instrumentalisiert wird (vgl. Jones 1995; vgl. hierzu kritisch Whetten et al. 2002; Scherer/ Kustermann 2004; Vogel 2005).

Innerhalb der Business & Society- und der CSR-Forschung wird die Frage untersucht, ob sich sozial verantwortliches Handeln ökonomisch auszahlt. Schon diese Fragestellung macht die Vorordnung der ökonomischen vor der sozialen Rationalität deutlich. Margolis und Walsh (vgl. 2001, 2003) haben in zwei Metastudien von etwa 100 empirischen Untersuchungen Bilanz gezogen. Die Ergebnisse zum Zusammenhang von Gewinnerzielung und sozialer Verantwortung sind uneinheitlich, wenngleich die Mehrzahl der Studien einen positiven Zusammenhang konstatiert. Hier ist allerdings zu fragen, ob eine eindeutige empirische Beziehung zwischen sozialer Verantwortung und ökonomischem Erfolg – so sie denn vorläge – überhaupt die Wahrnehmung von sozialer Verantwortung begründen könnte (vgl. Margolis/Walsh 2003). Hierfür bräuchte es eine normative Theorie zur Rolle der Unternehmung in der Gesellschaft; eine empirische Untersuchung kann eine solche Theorie nicht begründen.

Die Business & Society-Forschung betreibt Etikettenschwindel, wenn sie von einer ‚Corporate Social Responsibility' der Unternehmung spricht. Solange die Gewinnerzielung der Unternehmung der letzte Bezugspunkt bleibt (vgl. Whetten et al. 2002, 384), bewegt sie sich innerhalb von Friedmans Diktum „the social responsibility of business is to increase its profits".

6. Soziale Verantwortung der Unternehmung in der BWL – Der Beitrag von Steinmann et al. und Matten & Crane

Gleichwohl gibt es auch Versuche zu einer neuen Theorie der Unternehmung, die die politische Rolle der Unternehmung ernst nimmt. Dies betrifft zum Beispiel die Nürnberger Unternehmensethik und neuerdings den Corporate Citizenship-Ansatz von Dirk Matten und Andrew Crane oder die Vorschläge, die ich gemeinsam mit Guido Palazzo ausgearbeitet habe (vgl. Palazzo/ Scherer 2006, 2008; Scherer/Palazzo 2007, 2008a, 2008b; Scherer et al. 2006, 2009).

Die Unternehmensethik in der Nürnberger Konzeption hat eine Ergänzungsfunktion zum staatlich gesetzten positiven Recht (vgl. Steinmann/Löhr 1994, 1995; Steinmann/Scherer 2000). Die Ethik soll das Recht umsetzen helfen und dort ergänzen, wo keine allgemeinen Regeln zur Lösung neu auftretender, durch die staatlichen Institutionen nicht antizipierbarer Konflikte zur Verfügung stehen. Die Rolle der Unternehmen ergibt sich aus dem zugrunde liegenden republikanischen Politikmodell und dem darin eingebetteten doppelten Rollenverständnis des Bürgers als Privatbürger (‚Bourgeois') einerseits und als Staatsbürger (‚Citoyen') andererseits. Dabei wird unterstellt, dass den Unternehmen eine bürgergleiche Rolle zukommt. Als ‚Citoyen' wirken die Unternehmen gleichsam wie ‚Staatsbürger' an der Formulierung von Regeln mit, die im gemeinsamen Interesse liegen. Das ‚gemeinsame Interesse' ergibt sich dabei nicht – wie im liberalen Politikmodell – aus der bloßen Aggregation von Einzelinteressen, sondern in einem kommunikativen Prozess, in dem die Bürger ihre Präferenzen erst bilden oder verändern, um ein gemeinsames Verständnis darüber zu entwickeln, welche Ziele sie verfolgen und welche Regeln sie sich geben sollen. Erst innerhalb dieser politisch gesetzten Ordnung gehen die Unternehmen dann als ‚Privatbürger' ihren individuellen Interessen nach.

Während die Nürnberger Unternehmensethik die Unternehmung bislang als Träger von Rechten und Pflichten thematisiert und damit auch den Beitrag der Unternehmen zur Erhaltung der Rahmenordnung begründet hat, beleuchten Matten und Crane (2005) das Verhältnis von Bürger und Staat und thematisieren die Rolle der Unternehmung nicht aus der Perspektive des Trägers bzw. Empfängers von Rechten und

Pflichten, sondern aus der Perspektive des Lieferanten bzw. Garanten von Rechten. ‚Corporate Citizenship' verstehen Matten und Crane daher nicht im Sinne einer bürgergleichen Rolle der Unternehmung, vielmehr definieren sie Corporate Citizenship als „role of the corporation in administering citizenship rights for individuals" (Matten/Crane 2005, 173), also als die Rolle der Unternehmung als Garanten von Bürgerrechten. Damit tragen sie der Beobachtung Rechnung, dass im Zeitalter der Globalisierung Unternehmen immer häufiger die Funktion des Schutzes, der Ermöglichung und Verwirklichung von Bürgerrechten übernehmen. Dies gelte insbesondere dort, wo

(1) der Staat sich zurückzieht oder zurückziehen muss, wo

(2) der Staat noch nicht die Verwirklichung von Rechten übernommen hat oder wo

(3) er prinzipiell nicht in der Lage dazu ist.

Ein solches Verständnis von ‚Corporate Citizenship' ist also besonders dort hilfreich, wo der Staat bei der Wahrnehmung seiner Aufgaben versagt, so z.B. (aber nicht nur) in manchen Entwicklungs- und Schwellenländern.

Die Perspektive von der Unternehmung als Garant von Rechten hilft uns, den Blick auf die Legitimationsproblematik zu schärfen. Matten und Crane (2005) haben die Legitimationsproblematik aufgeworfen, ohne zunächst eine Lösung anzubieten. Wenn Unternehmen nämlich in eine staatsähnliche Rolle schlüpfen, globale Regeln generieren und damit den Adressaten dieser Regeln Bürgerrechte einräumen, dann wird einsichtig, dass sie sich dabei – wie der demokratische Verfassungsstaat – durch die betroffenen Bürger kontrollieren lassen müssen (vgl. Wolf 2005).

Mit der skizzierten neuen politischen Rolle der multinationalen Unternehmen beeinflussen die Unternehmen die globalen Rahmenbedingungen, ohne dazu von den betroffenen Bürgern gewählt, ermächtigt oder kontrolliert zu werden (vgl. Scherer/Palazzo 2007). Der Global Compact der Vereinten Nationen, so manche Kritiker, setze auf einen Paternalismus, der blind auf die wohltätige Unternehmung vertraue, ohne ausreichende Kontrollmechanismen vorzusehen. Werden auf diese Weise nicht die Böcke zu Gärtnern gemacht? Wie kann verhindert werden, dass die

Unternehmen sich die Rahmenbedingungen allein im eigenen Vorteil einrichten, wie dies von einigen Autoren im Strategischen Management oder in der Literatur zum Lobbyismus empfohlen wird (vgl. z.B. Keim 2001; Shell 2004; Siedel 2002; zur Kritik Palazzo/Scherer 2006)? Wie kann das entstehende Demokratie- und Legitimationsdefizit ausgeglichen werden (vgl. Orts 1995; Palazzo/Scherer 2006, 2008; Wolf 2005)? Hat die neue Rolle der Unternehmen nicht auch Konsequenzen für die innere Verfassung der Firma, die Corporate Governance? Müssten sich nicht in dem Maße, wie die Unternehmung politisch tätig wird, auch deren interne Strukturen und Prozesse für demokratische Legitimation und Kontrolle öffnen (vgl. Driver/Thompson 2002; Parker 2002)?

Gemeinsam mit Guido Palazzo versuche ich, diese Fragen mit einer neuen Unternehmenstheorie anzugehen, die sich am deliberativen Politikmodell von Jürgen Habermas anlehnt (siehe vor allem Scherer/Palazzo 2007 sowie Scherer et al. 2006; Palazzo/Scherer 2006, 2008). Ziel der deliberativen Theorie ist es, auf einer globalen Ebene neue Institutionen demokratischer Politik zu definieren, die es erlauben, die entgrenzte Wirtschaft wieder zu domestizieren und in einen politisch definierten und legitimierten Rahmen einzuspannen. Dieses Demokratiemodell orientiert sich dabei nicht am Idealmodell nationalstaatlicher Politik, sondern an kommunikativen Politikprozessen, die unterhalb und oberhalb des Nationalstaates, innerhalb und außerhalb von Parlamenten, unter Beteiligung öffentlicher und privater Akteure stattfinden. Kernpunkt ist dabei, dass der Idealismus der „idealen Sprechsituation" (Habermas) sowie die Zentrierung auf die Mikroebene der Face-to-Face-Kommunikation zugunsten einer realistische(re)n Konzeption überwunden werden, die an bestehenden Politikprozessen und Institutionen ansetzt (vgl. Scherer/Palazzo 2007). Wir sprechen daher auch von einer pragmatischen im Gegensatz zu einer philosophischen Begründung, wie sie für viele Teile der normativen Business Ethics kennzeichnend ist (primacy of democracy vs. primacy of philosophy).

Diese Konzeption kann dazu beitragen, die entstehende Legitimationslücke im politischen Verhalten der Unternehmen zu schließen. Ungeklärt ist allerdings nach wie vor die Frage, wie und wo die Grenzen der Wahrnehmung sozialer Verantwortung zu ziehen sind. Die Unternehmen können und sollen nicht die Rolle des Staates vollständig übernehmen. Vielmehr sollen sie im Rahmen ihrer Kompetenzen und der durch sie verursachten Regelungslücken mithelfen, einen Beitrag zur Schließung dieser Lücken und zur Produktion globaler öffentlicher Güter zu leisten (vgl. Scherer/Palazzo 2007; Williams 2004).

Literatur

Agle, B. R., Mitchell, R. K., Sonnenfeld, J. A. (1999): Who Matters to CEOs? An Investigation of Stakeholder Attributes and Salience, Corporate Performance, and CEO Values, in: Academy of Management Journal, 42, S. 507-525

Annan, K. (1999): A Compact for the New Century, Rede von UN-Generalsekretär Kofi Annan vor dem World Economic Forum in Davos, 31. Januar 1999, http://www.un.org/News/Press/docs/1999/19990201.sgsm6881.html

Barro, R. J. (1994): Democracy: A Receipt for Growth?, Wall Street Journal, Dec. 1, 1994

Barro, R. J. (1997): The Interplay Between Economic and Political Development, in: Barro, R.J.: Determinants of Economic Growth, Cambridge, S. 49-87

Beck, U. (1997): Was ist Globalisierung?, Frankfurt a.M.

Block, F. (1994): The Roles of the State in the Economy, in: Smelser, N.J., Swedberg, R. (Eds.): The Handbook of Economic Sociology, Princeton, S. 691-710

Braithwaite, J., Drahos, P. (2000): Global Business Regulation, Cambridge

Brozus, L., Take, I., Wolf, K. D. (2003): Vergesellschaftung des Regierens? Der Wandel nationaler und internationaler politischer Steuerung unter dem Leitbild der nachhaltigen Entwicklung, Opladen

Dine, J. (2005): Companies, International Trade and Human Rights, Cambridge

Driver, C., Thompson, G. (2002): Corporate Governance and Democracy: The Stakeholder Debate Revisited, in: Journal of Management and Governance, 6, S. 111-130

Fort, T. L., Schipani, C. A. (2002): The Role of the Corporation in Fostering Sustainable Peace, in: Vanderbilt Journal of Transnational Law, 35, S. 389-439

Freeman, R. E. (1984): Strategic Management: A Stakeholder Approach, New York

Freeman, R. E., McVea, J. (2001): A Stakeholder Approach to Strategic Management, in: Hitt, M.A., Freeman, E., Harrison, J.S. (Eds.): The Blackwell Handbook of Strategic Management, Oxford, S. 189-207

Friedman, M. (1970): The Social Responsibility of Business is to Increase Its Profits, in: New York Times Magazin, September 13, 1970; reprint in: Donaldson, T., Werhane, P.H. (Eds.): Ethical Issues in Business. A Philosophical Approach, Englewood Cliffs, S. 217-223

Ghemawat, P. (2003), The Forgotten Strategy, in: Harvard Business Review 81 (November 2003), S. 76-84

Günther, K. (2001): Rechtspluralismus und universaler Code der Legalität: Globalisierung als rechtstheoretisches Problem, in: Wingert, L., Günther, K. (Hrsg.): Die Öffentlichkeit der Vernunft und die Vernunft der Öffentlichkeit: Festschrift für Jürgen Habermas, Frankfurt a. M., S. 539-568

Habermas, J. (1998): Die postnationale Konstellation und die Zukunft der Demokratie, in: Habermas, J.: Die postnationale Konstellation, Frankfurt a.M., S. 91-169

Henderson, D. (2001): Misguided Virtue. False Notions of Corporate Social Responsibility, London

Homann, K., Blome-Drees, F. (1992): Wirtschafts- und Unternehmensethik, Göttingen

Irwin, D. A. (2002): Free Trade under Fire, Princeton

Jensen, M. C. (2002): Value Maximization, Stakeholder Theory, and the Corporate Objective Function, in: Business Ethics Quarterly, 12, S. 235-256

Jones, T. M. (1995): Instrumental Stakeholder Theory: A Synthesis of Ethics and Economics, in: Academy of Management Review, 20, S. 404-437

Keim, G. D. (2001): Business and Public Policy. Competing in the Political Market Place, in: Hitt, M., Freeman, R., Harrison, J. (Eds.): Handbook of Strategic Management, Oxford, S. 583-601

Kingsbury, B. (2003): The International Legal Order, in: Cane, P., Tushnet, M. (Eds.): The Oxford Handbook of Legal Studies, Oxford, S. 271-297

Kinley, D., Tadaki, J. (2004): From Talk to Walk: The Emergence of Human Rights Responsibilities for Corporations at International Law, in: Virginia Journal of International Law, 44, S. 931-1022

Kobrin, S. J. (2001) Sovereignty@bay: Globalization, Multinational Enterprise, and the International Political System, in: Rugman, A.M., Brewer, T.L. (Eds.): The Oxford Handbook of International Business, New York, S. 181-205

Krauss, M. (1997): How Nations Grow Rich. The Case For Free Trade, New York

Levitt, T. (1970): The Dangers of Social Responsibility, in: Meloan, T., Smith, S., Wheatly, J. (Eds.): Managerial Marketing Policies and Decisions, Boston, S. 461-475

Margolis, J. D., Walsh, J. P. (2001): People and Profits? The Search for a Link Between a Company's Social and Financial Performance, Mahwah

Margolis, J. D., Walsh, J. P. (2003): Misery Loves Companies: Rethinking Social Initiatives by Business, in: Administrative Science Quarterly, 48, S. 268-305.

Martinez-Mont, L. (1996): Sweatshops are Better Than no Shops, Wall Street Journal, June 25, 1996

Matten, D., Crane, A. (2005): Corporate Citizenship: Toward an Extended Theoretical Conceptualization, in: Academy of Management Review, 30, S. 166-179

McIntosh, M., Waddock, S., Kell, G. (Eds.) (2004): Learning to Talk: Corporate Citizenship and the Development of the UN Global Compact, Sheffield

Orts, E. W. (1995): The Legitimacy of Multinational Corporations, in: Mitchell, L.E. (Ed.): Progressive Corporate Law, Boulder, S. 247-279

Palazzo, G., Scherer, A.G. (2006): Corporate Legitimacy as Deliberation. A Communicative Approach, in: Journal of Business Ethics, 66, S. 71-88

Palazzo, G., Scherer, A.G. (2008): Corporate Social Responsibility, Democracy, and the Politicization of the Corporation, in: Academy of Management Review, 33, S. 773-775

Parker, C. (2002): The Open Corporation, Cambridge

Phillips, R. (2003): Stakeholder Theory and Organizational Ethics, San Francisco

Reinicke, W. H., Deng, F., with Witte, J.M., Benner, T., Whitaker, B., Gershman, J. (2000): Critical Choices. The United Nations, Networks, and the Future of Global Governance, Ottawa

Risse, T. (2002): Transnational Actors and World Politics, in: von Carlsnaes, W., Risse, T., Simmons, B. (Eds.): Handbook of International Relations, London, S. 255-274

Roach, B. (2005): A Primer on Multinational Corporations, in: Chandler, A.D., Mazlish, B. (Eds.): Leviathans. Multinational Corporations and the New Global History, Cambridge, S. 19-44

Scherer, A. G. (2003a): Multinationale Unternehmen und Globalisierung, Heidelberg

Scherer, A. G. (2004): Schwindende Grenzen zwischen Wirtschaft und Politik. Die neue Verantwortung der multinationalen Unternehmung und der Beitrag Karl Homanns zu ihrer Bestimmung, in: Zeitschrift für Evangelische Ethik, 48, S. 107-118

Scherer, A. G., Kustermann, B. (2004): Business & Society-Forschung versus Kritische Strategieforschung – Kritik zweier Ansätze zur Integration von sozialer Verantwortung und strategischer Unternehmensführung, in: Managementforschung, 14, S. 47-77

Scherer, A. G., Palazzo, G. (2007): Toward a Political Conception of Corporate Responsibility. Business and Society Seen from a Habermasian Perspective, in: Academy of Management Review, 32, 4, S. 1096-1120

Scherer, A. G., Palazzo, G. (2008a): Globalization and Corporate Social Responsibility, in: Crane, A., McWilliams, A., Matten, D., Moon, J., Siegel, D. (Eds.): The Oxford Handbook of Corporate Social Responsibility, Oxford, S. 413-431

Scherer, A. G., Palazzo, G. (Eds.) (2008): Handbook of Research on Global Corporate Citizenship, Cheltenham

Scherer, A. G., Palazzo, G., Baumann, D. (2006): Global Rules and Private Actors. Towards a New Role of the Transnational Corporation in the Global Governance, in: Business Ethics Quarterly, 16, S. 505-532

Scherer, A. G., Palazzo, G., Matten, D. (2009): Globalization as a Challenge for Business Responsibilities, in: Business Ethics Quarterly, 19, S. 327-347

Scherer, A. G., Smid, M. (2000): The Downward Spiral and the U.S. Model Business Principles. Why MNEs Should Take Responsibility for the Improvement of World-Wide Social and Environmental Conditions, in: Management International Review, 40, S. 351-371

Sethi, P. S. (2002): Standards for Corporate Conduct in the International Arena: Challenges and Opportunities for Multinational Corporations, in: Business and Society Review, Spring 2002 107(1), S. 20-40

Sethi, S. P. (2003): Setting Global Standards. Guidelines for Creating Codes of Conduct in Multinational Corporations, Hoboken

Shell, G. R. (2004): Make the Rules or Your Rivals Will, New York

Shelton, D. (2000): Introduction: Law, Non-Law and the Problem of 'Soft Law', in: Shelton, D. (Ed.): Commitment and Compliance. The Role of Non-Binding Norms in the International Legal System, Oxford, S. 1-18

Siebert, H. (1998): Disziplinierung der nationalen Wirtschaftspolitik durch die internationale Kapitalmobilität, in: Duwendag, D. (Hrsg.): Finanzmärkte im Spannungsfeld von Globalisierung, Regulierung und Geldpolitik, Berlin, S. 41-67

Siedel, G. J. (2002): Using the Law for Competitive Advantage, San Francisco

Steinmann, H., Löhr, A. (1994): Grundlagen der Unternehmensethik, 2. Auflage, Stuttgart

Steinmann, H., Löhr, A. (1995): Unternehmensethik als Ordnungselement in der Marktwirtschaft, in: Zeitschrift für betriebswirtschaftliche Forschung, 47, S. 143-174

Steinmann, H., Scherer, A. G. (2000): Corporate Ethics and Management Theory, in: Koslowski, P. (Ed.): Contemporary Economic Ethics and Business Ethics. Studies in Economic Ethics and Philosophy, Berlin/Heidelberg/New York, S. 148-192

Stone, C. D. (1975): Where the Law Ends: The Social Control of Corporate Behavior, New York

Sundaram, A. K., Inkpen, A. C. (2004): The Corporate Objective Revisited, in: Organization Science, 15, S. 350-363

Vogel, D. J. (2005): Is There a Market for Virtue? The Business Case for Corporate Social Responsibility, in: California Management Review, 47, S. 19-45

Weissbrodt, D., Kruger, M. (2003): Norms on the Responsibilities of Transnational Corporations and other Business Enterprises with Regard to Human Rights, in: The American Journal of International Law, 97, 4, S. 901-922

Whetten, D. A., Rands, G., Godfrey, P.O. (2002): What are the Responsibilities of Business to Society?, in: Pettigrew, A., Thomas, H., Whittington, R. (Eds.): Handbook of Strategy and Management. London, S. 373-408

Williams, O. F. (2000): Global Codes of Conduct. An Idea Whose Time Has Come, Notre Dame

Williams, O.F. (2004): The UN Global Compact: The Challenge and the Premise, in: Business Ethics Quarterly, 14, S. 755-774

Wolf, K. D. (2005): Private Actors and the Legitimacy of Governance Beyond the State. Conceptional Outlines and Empirical Explorations, in: Benz, A., Papadopoulos, I. (Eds.): Governance and Democratic Legitimacy. Transnational, European, and Multi-Level-Issues, London, S. 200-227

Zürn, M. (1998): Regieren jenseits des Nationalstaates. Globalisierung und Denationalisierung als Chance, Frankfurt a. M.

Wollen können und können wollen

Die vermeintlichen Anpasser sind die Gestalter

Reinhard Pfriem

„Von den Sinnen her kommt erst alle Glaubwürdigkeit, alles gute Gewissen, aller Augenschein der Wahrheit" (Friedrich W. Nietzsche).

„Diejenigen, die sagen, es könne nicht gemacht werden, sollten denjenigen Platz machen, die handeln" (Konfuzius).

1. Die Frage nach der Ver-Antwortung

Die Wirtschaftswissenschaften neigen bekanntlich dazu, Unternehmen als Anpassungsoptimierer zu modellieren (vgl. Hejl 2006). Wenn mit dem Titel dieses Textes den Unternehmensorganisationen eine insbesondere gestaltungsorientierte Funktion zugewiesen wird, so verweist das auf Gestaltungsspielräume, die so oder anders genutzt werden können. Dazu müssen Entscheidungen getroffen werden, und der Verantwortung, eine im Nachhinein besehen eher richtige oder eher falsche Entscheidung getroffen zu haben, können die Entscheidungsträger nicht ausweichen.

Verantwortung richtet sich also auf ein plurales Feld möglicher Entscheidungen und ist insofern deutlich von der (Pflicht zur) Regeleinhaltung zu unterscheiden:

„Pflichten machen Menschen tendenziell gleich; erst Verantwortung macht sie zu Individuen" (Bauman 1995, 87).

Die Rede von Verantwortung betrifft zunächst Individuen. Entscheidungen von Individuen für Organisationen werden allerdings zu Entscheidungen von Organisationen. Insofern können wir unabhängig von der Frage, wie autoritär oder kollektiv bzw. partizipativ eine bestimmte Entscheidung für die Organisation getroffen wurde, von Organisationsentscheidungen als Entscheidungen der Organisation sprechen. Wir bräuchten dafür eigentlich keine Theorie der Emergenz sozialer Systeme, obwohl seit langem gezeigt wird, dass dafür viel spricht (vgl. Krohn/ Küppers 1992).

Die Schreibweise ‚Ver-Antwortung' verweist darauf, dass die Entscheidungen, in Bezug auf die Verantwortung ausgeübt wird, sui generis andere betreffen, und das heißt: in unterschiedlicher Weise betreffen können. Als kontingent ist nämlich zu betrachten, auf wessen und auf welche Fragen, Ansprüche und Interessen hin Unternehmen bereit sind, Ver-Antwortung zu tragen. Gerade hier liegt ein wesentliches Feld unternehmerischer Selbstbeschreibung und Autonomie. Damit treten wir absichtsvoll in kritische Distanz zu jenem recht verbreiteten Verständnis des vor zwei Jahrzehnten entwickelten Stakeholder-Ansatzes (vgl. Freeman 1984), nur genügend willens könne eine Unternehmung in der Lage sein, alle relevanten Stakeholder-Ansprüche zu befriedigen.

Auf der kollektiv-organisatorischen wie der individuellen Ebene beginnt Verantwortung bei Verantwortung für sich selbst. Das ist zu dem bisher Gesagten kein Widerspruch. Denn das (kollektive oder individuelle) Subjekt ist sich selbst zugleich Objekt: Was will ich aus mir machen? Wo stehe ich und wo will ich hin? Auf der individuellen Ebene haben die ökonomischen und sozialstrukturellen Entwicklungen der jüngsten Vergangenheit zu einem starken Rückgang dauerhaft fester Beschäftigungsverhältnisse geführt. Insofern macht es Sinn, dass verstärkt von der Herausforderung des Lebensunternehmertums gesprochen wird.

Worin die Herausforderung strategischer Führung von Unternehmen besteht, ist lange Zeit missverstanden worden. Gemäß der auf die Identifizierung objektiver Gesetzmäßigkeiten zielenden Wissenschaftstradition weiter Teile des 20. Jahrhunderts machten sich in den Jahrzehnten nach dem Zweiten Weltkrieg, als nach Ende der Rekonstruktionsperiode die wettbewerbspolitischen Gründe für das Strategische Management immer stärker wurden, hier zunächst vor allem planungsorientierte Ansätze breit (vgl. Mintzberg et al. 1999). Die Rationalität und Linearität dieser Planungsansätze war sicher gespeist aus dem Glauben an die selber lineare Dreifaltigkeit moderner Entwicklung, die ausgehend von dem 18. und 19. Jahrhundert das 20. Jahrhundert kulturell wesentlich prägte: Technischer Fortschritt, ökonomisches Wachstum und eine steigende Versorgung der Bevölkerungen mit materiellen Gütern und Dienstleistungen wurden als Elemente einer ständig möglichen und dann auch ständig realen Höherentwicklung betrachtet.

Der ideologische Charakter dieser Weltanschauung hat sich inzwischen auch bei einer wachsenden Zahl von Unternehmen herumgesprochen. Auch Unternehmen, die sich gar keine eigenen Abteilungen für Strategie und Zukunft leisten können, die dazu fähigen sowieso, beschäftigen sich inzwischen mehr mit „Langfristdenken in Unternehmen und Gesellschaft."[1] Gegenstand dieses Langfristdenkens ist eben nicht weiter die Idee, dass alles so weitergeht und die Zukunft als Fortschreibung der Gegenwart modelliert werden kann. Vielmehr verbreitet sich die Einsicht, dass strategische Unternehmensführung nichts anderes ist als unternehmerischer Umgang mit Unsicherheit, Ungewissheit und Kontingenz – mit einer prinzipiell offenen Zukunft.

Als normative Orientierung hinter diesem Text sei die regulative Idee nachhaltiger Entwicklung von Wirtschaft und Gesellschaft keineswegs verheimlicht (vgl. Pfriem 2006). Erst recht mit Blick auf diese Idee zielt Verantwortung auf die Gestaltung möglicher Zukunft. Mit dem zentralen Inhalt dieser Idee, insbesondere in den frühindustrialisierten Gesellschaften die Wirtschafts-, Arbeits- und Lebensmodelle, nicht zuletzt also die Konsumweisen, so zu entwickeln, dass prinzipiell allen Menschen auf diesem Erdball ein nach ihren Vorstellungen gelingen könnendes Leben möglich ist, hat das öffentlich kommunizierte Innovationsfieber übrigens häufig wenig oder gar nichts zu tun, wenn es etwa um die Verbesserung der Wettbewerbsposition eines bestimmten Unternehmens in offen als tendenziell gesättigt betrachteten Märkten geht. Das inzwischen auch theoretisch so viel diskutierte Problem der Generierung von Neuem ist also grundsätzlich auf die besonderen Inhalte zu untersuchen, die dabei als symbolische Bedeutungen zugewiesen werden.

Viele Theorien der Moderne ähneln dem üblichen Schachspiel, dass die Figuren nur aus Köpfen bestehen. Selbst bei noch so gut gemeinten

---

[1] So der Untertitel von Burmeister/Neef (2005).

Diskurstheorien, die auf die Kraft des besseren Arguments vertrauen, scheint die Leiblichkeit des Menschen abhanden gekommen zu sein. Das befördert die verhängnisvolle schematische Trennung zwischen Denken und Tun.

Wenn in diesem Text von Verantwortung die Rede ist, so soll damit in Anlehnung an Rorty (vgl. 1994) und Taylor (vgl. 1996) ethisches Können in Situationen gemeint sein. Moralische Kompetenz in diesem Sinne entsteht nicht durch Formeln oder Definitionen der Tugend, sondern durch das Erleben, aus eigener Kraft verantwortlich zu handeln. Dazu passt Varelas kritischer Befund:

> „(...) es ist diese Neigung, uns in der dünnen Luft des Allgemeinen und Formalen, des Logischen und Definierten, des Repräsentierten und Vorausgeplanten zu bewegen, aufgrund derer wir uns in der westlichen Welt so zu Hause fühlen" (Varela 1994, 13).

Freilich: „Wir operieren immer in der Unmittelbarkeit einer gegebenen Situation" (Varela 1994, 16). Und es geht darum, „zu erklären, wie wahrnehmungsgeleitetes Handeln in einer vom Wahrnehmenden abhängigen Welt möglich ist" (Varela 1994, 20).

Diese sinnliche Situiertheit ethisch-moralischer Entscheidungsmomente ist unhintergehbar. Insofern muss sie auch nicht normativ eingefordert werden. Das Problem einer normativen Einforderung kontrafaktischer Art haben hingegen alle diejenigen, die den moral point of view erst einmal abstrahierend aus den konkreten, also historisch-spezifischen Situationen herauslösen, um beispielsweise ein Abstraktum Ethik gegen das Abstraktum Ökonomie zu setzen oder, schlimmer noch, Ethik wiederum als Abstraktum nur noch eingefangen im (historisch-kulturell doch sehr spezifischen) Kalkül eines homo oeconomicus denken zu können.

In einem Beitrag mit Christian Lautermann habe ich schon auf dem Konstanzer Herbstkolloquium 2004 Josef Wielands Position unterstützt, dem unternehmens- und wirtschaftsethischen Diskurs eine ausdrücklich tugendethische Wende zu geben (vgl. Lautermann/Pfriem 2006). Wenn wir den Begriff der Tugend auf die bisher dargelegten Überlegungen zum Verständnis von Verantwortung beziehen, gelangen wir zu einer bedeutsamen Spezifizierung. Dann kann Tugend nämlich nicht nur eingeschränkt genommen werden als Rechtschaffenheit gegenüber bestehenden Regeln, sondern muss bezogen werden auf die unter heutigen Bedingungen denkbaren und auch real existierenden Situationen bzw. Situiertheiten. Es gibt also nicht nur eine (mögliche) Tugend der (eher passiven) Anpassung und eine des loyalen Engagements, angesichts prinzipiell offener Zukünfte gewinnt die Tugend des (potentiell kritischen) Innovationsgeistes ganz besonderes Gewicht. Auf der Ebene der Beziehung eines individuellen oder kollektiven Akteurs zu gegebenen Regeln haben wir also neben der unterwürfigen Regelbefolgung und der bewussten Regeleinhaltung unter ethisch-moralischen Gesichtspunkten der (potentiellen) Regelinfragestellung und dem (potentiellen) Regelbruch besondere Aufmerksamkeit zu widmen.

Individuelle und kollektive Umgangsweisen mit diesen unterschiedlichen Typen von Tugend und Regelverhalten sind unter verschiedenen historischen und kulturellen Bedingungen außerordentlich unterschiedlich. Verhaltens- und gar systemtheoretische Zugänge können hier wenig Aufklärung leisten, eher sind handlungs- und kulturtheoretische Erklärungsversuche gefordert. In eben diesem Sinne treffen drei gar nicht mehr so neue Buchtitel von Albert Hirschman hervorragend ins Schwarze: Abwanderung und Widerspruch, Leidenschaften und Interessen, Engagement und Enttäuschung (vgl. Hirschman 1974, 1977, 1988).

2. Eine notwendige Umstellung

Mit Horst Steinmann und anderen teile ich den Standpunkt, dass die Konzeptualisierung einer Unternehmensethik ihren Anfang in der Teilnehmerperspektive der Lebenspraxis nehmen soll und nicht in der Beobachterperspektive der Wissenschaft (vgl. Steinmann 2004). Allerdings folgt daraus, dass die Situiertheit und Kontextgebundenheit jeder ethisch-moralischen Entscheidungssituation nicht hintergangen werden kann. Für die klassisch abendländische Ethik formuliert Pieper:

„Die Begründung und Rechtfertigung aller Moral aus einem Unbedingten ist die bleibende Aufgabe der Ethik, die sich in der Erfüllung dieser Aufgabe als eine autonome Wissenschaft erweist" (Pieper 1991, 84).

Eine solche Unbedingtheit über alle historisch und kulturell differenten Konstellationen und Konfigurationen hinweg lässt sich nach dem hier vertretenen Standpunkt nicht länger aufrechterhalten.

Ich kann mich noch gut an die Eröffnungstagung des Berliner Instituts für ökologische Wirtschaftsforschung (IÖW) erinnern, als die geschätzte Christel Neusüß den positiv gemeinten Rückgriff auf die aristotelische Unterscheidung von Ökonomik und Chrematistik mit dem Hinweis auf die Marginalisierung der Frauen in der antiken griechischen Gesellschaft zu diskreditieren suchte. Wollen wir aber die Proklamation der Menschenrechte im 18. Jahrhundert aus heutiger Sicht verurteilen, weil hier die Gleichheit zwischen den Geschlechtern nicht ausdrücklich proklamiert wurde und der westlich-abendländische Kulturkreis noch zwei Jahrhunderte brauchte, um wenigstens dem Anspruch nach den Frauen zu gleichem Recht zu verhelfen?

Universalien wie Menschenrechte, Freiheit und Demokratie sind auch gedanklich nicht zu ‚reinigen' von ihren konkret-historischen kulturellen Einbettungen und Aufladungen. Das bestätigt in den letzten Jahren nichts drastischer als die US-amerikanische Regierung, wenn sie im Namen von Freiheit und Demokratie mit einer so genannten Koalition der Willigen mithilfe wissentlich falscher Behauptungen ein Land überfällt oder Folter zur erweiterten Befragungstechnik erklärt.

Wenn wir diese nicht nur geschichtlichen, sondern auch aktuellen Fälle betrachten, sollten wir klug genug sein einzusehen, dass auch wir Heutigen nicht der (Auto-)Suggestion unterliegen dürfen, wir hätten die allgemein richtige Interpretation dieser (vermeintlichen) Universalien für uns gepachtet. Vielleicht erscheint den Menschen einige Generationen nach uns unser Umgang mit Tieren unverständlich grausam und unzivilisiert?[2] Wir Menschen scheinen zwar dazu verdammt, das historisch und situativ spezifisch Kultürliche rasch für natürlich zu halten, sind aber vielleicht in der Lage, dieses Risiko zu erkennen und damit entsprechend vorsichtig umzugehen.

Vorsichtiger Umgang bedeutet, den moral point of view nicht länger aus universalistischen Prinzipien ableiten zu wollen. Das ist schon deshalb nicht sinnvoll, weil in einer steigenden Zahl ethisch-moralischer Entscheidungsprobleme das Richtige erst noch gefunden werden muss.

---

[2] Dazu Wolf (2004), sehr kritisch Patterson (2004).

Die schwierigen (und sich häufenden) Fälle sind ja gerade die nichttrivialen. Etwa Bio- und Gentechnik führen das vor. Ferner ist aus dem Beispiel der US-amerikanischen Politik der letzten Jahre zu lernen, wie hoch das Risiko ist, durch die Berufung auf allgemeine Prinzipien zweifelhafte Orientierungen zu vermitteln. Das Problem mangelnder Sanktionierbarkeit von im Namen hochstehender Prinzipien durchgeführten Aktionen, die bei näherem Hinsehen diese Prinzipien mit Füßen treten, kommt dann noch hinzu. Wir bestätigen uns in Scheinkonsensen, statt ethisch-moralisch dadurch voranzukommen, dass wir die konfliktären kulturellen Optionen zu produktivem Streit bringen.

Bezogen auf den ethischen Diskurs hat der cultural turn demgemäß eine Umstellung zur Folge: von der klassischen abendländischen Ethik hin zu einer kulturwissenschaftlichen Perspektive des ethischen Reflektierens von Alltagsmoralen. Eine kulturalistische Ethik sucht den moral point of view in den konkreten ethisch relevanten Situationen, und das Suchen kennzeichnet nichts weniger als das eben noch nicht Gefundene.[3]

Die digitale Kodierung von Gut und Böse, Richtig und Falsch, Weiß und Schwarz ist ein Relikt der christlichen Tradition.[4] Über die angebliche Erbsünde werden die Menschen unter der Knute antagonistischer Bedeutungszuweisungen gehalten, wo sie sich um ihres Seelenheils willen ständig für die richtige Seite und gegen die falsche entscheiden sollen. Mit der Gegenüberstellung von ökonomischer Rationalität bzw. Interesse an individueller eigener Nutzenmaximierung einerseits, Ethik andererseits wird diese dualisierende, ja antagonisierende Denkweise auch in wesentlichen Teilen des unternehmens- und wirtschaftsethischen Diskurses gepflegt. Bis hinein in die Tonlage von Vorträgen und Publikationen wird das Recht haben wichtiger als das Recht tun. In Kritik daran formuliert Varela:

> „Mein Ausgangspunkt ist, dass die Ethik der Weisheit näher steht als der Vernunft, dass es ihr eher darum geht zu verstehen, was es heißt, gut zu sein, als darum, in einer bestimmten Situation korrekt zu urteilen" (Varela 1994, 9).

---

[3] Diese Gedankenführung kann an Blochs Philosophie des „Noch nicht" durchaus gut angeschlossen werden (vgl. Bloch 1978).
[4] Zur Kritik der zweiwertigen Wahrheitslogik abendländischer Kultur siehe Lyotard (2004).

Die Renaissance der Tugendethik ist also performativ und kontextuell zu verstehen. Für die Inhalte tugendethischen Handelns gibt es keine objektiven Instanzen mehr. Das Gute gibt es (nur) noch beobachter- und situationsabhängig, wobei im Sinne des Anfangs dieses Kapitels ein wichtiger Zusatz zu machen ist: Das erkenntnistheoretische Wissen um die Beobachterabhängigkeit darf nicht dazu führen, den (etwa wissenschaftlich) distanzierten Beobachter zur legitimen Hauptinstanz ethisch-moralischer Entscheidungen zu machen, sondern diese sind in den zugehörigen lebenspraktischen Kontexten zu fällen und ernst zu nehmen.

Die kulturwissenschaftliche Sicht nährt produktive Zweifel am genuin moralischen Handeln. Weder ein Individuum noch eine Organisation vermag nach dem Motto zu handeln: Jetzt mal alles vergessen, was ich für wünschenswert, richtig oder schön halte, jetzt moralisch anständig handeln. Moralisch am moralischen Handeln ist ‚nur' die mitlaufende moralische Konnotation der selbst vertretenen imaginären Bedeutungen[5], nichts sonst. Für die unternehmens- und wirtschaftsethischen Debatten bietet sich als befreiende Konsequenz daraus an, sich von der Behandlung der moralisch trivialen Fälle (Enron, Nestlé) eher zu lösen und sich den moralisch nicht trivialen Fällen zuzuwenden, die in der Wirklichkeit dominieren. Als praktische Beispiele seien hier der VW Phaeton und solche Turbokühe genannt, die nur zwei Jahre ihren Dienst verrichten können. Beide sind ökonomische Flops, werden aber gerade deshalb aufrechterhalten, weil es die reine ökonomische Rationalität nur als Mythos gibt, als gesellschaftliche Imagination, die übrigens in beiden Fällen der klassischen Definition von Karl Marx über Ideologie entspricht: notwendig falsches Bewusstsein. Ökonomische, ethisch-moralische und ästhetische Aspekte sind (u.a. bei den beiden genannten Beispielen) aufs Engste miteinander verschränkt und eben nicht sauber voneinander zu lösen, auch nicht in theoretischer Gedankenführung: Analyse als Zerlegung stößt manchmal auf enge sachliche Grenzen.

---

[5] Dieser Begriff stammt aus der praktischen Philosophie von Castoriadis (1984) und passt deshalb ausgezeichnet, weil er damit die permanent ablaufende Beziehungsgeschichte zwischen Institutionalisierendem und Institutionalisiertem in den historischen Kontext kultureller Bedeutungszuweisungen stellt. Wie Nietzsche (1980, orig. 1886, 92) formulierte, gibt es gar keine moralischen Phänomene, sondern nur eine moralische Ausdeutung von Phänomenen.

Das in Wissenschaft wie übriger gesellschaftlicher Praxis dominante Rationalitätsmodell des 19. und 20. Jahrhunderts verstellt den angemessenen Blick auf die Verhältnisse. Im Sinne eines der schon angeführten Texte von Hirschman (1977) können wir die marktwirtschaftlich-kapitalistische Industriegesellschaft als Versuch verstehen, die leidenschaftliche Sinnsuche menschlichen Lebens durch Interessen zu ersetzen. Dieser Versuch kann heute als gescheitert betrachtet werden. Mit der Ablösung des kapitalistischen Fabrikzeitalters und der damit verbundenen sozioökonomischen wie soziokulturellen Ordnungen kommen die Leidenschaften wieder hoch. Ob wir von „Economies of Signs" (vgl. Lash/ Urry 1994), Erlebnisgesellschaft (vgl. Schulze 1993), Symbolökonomie (vgl. Fischer 2005) oder kultureller Aufladung der Ökonomie (Forschungsgruppe Unternehmen und gesellschaftliche Organisation 2004) sprechen – wir meinen dasselbe. Es geht dabei längst nicht mehr um Zusatznutzen, es geht um das Eigentliche.

3. Unternehmen sind Produzenten von kultureller Entwicklung der Gesellschaft

Im Sinne einer zukunftsfähigen Spezifizierung der sozialwissenschaftlichen Öffnung, die die Betriebswirtschaftslehre als Theorie der Unternehmung nun schon seit Jahrzehnten umtreibt, haben wir im Rahmen einer Forschungsgruppe an der Carl von Ossietzky Universität Oldenburg die Programmatik einer kulturwissenschaftlichen Theorie der Unternehmung entwickelt (FUGO 2004). Danach sind Unternehmensstrategien als kulturelle Angebote an die Gesellschaft zu verstehen (vgl. Pfriem 2004). Angebote können (unverändert oder modifiziert) angenommen, können aber auch abgelehnt werden. Die Terminologie wirft ein Licht auf die unauflösbare Verschränkung beider Seiten der ökonomischen Interaktion, das permanente kommunikative Wechselspiel, weswegen eine kulturalistische Ökonomik zweifellos einen ihrer wichtigsten Charakterzüge als Interaktionsökonomik ausweist. Das bedeutet nebenbei eine Verabschiedung von der Bearbeitung einseitig maximierender oder optimierender Nutzenkalküle ebenso wie vom methodologischen Individualismus, was hier aber nicht weiter vertieft werden soll.

Als wichtige Bestimmungsmerkmale des kulturwissenschaftlichen Ansatzes erweisen sich:

- die Sinnbezogenheit allen menschlichen (auch organisationalen) Handelns,
- die Diversität dieser Sinnbezüge,
- Wandelbarkeit und Wandel dieser Sinnbezüge.

Wie bereits gezeigt wurde, ist die Wahrheit immer historisch-konkret. Deshalb sollten wir mehr von real existierenden konkreten Moralen reden als von abstrakten Moralprinzipien, die zudem suggerieren, dass das Gute gewusst würde. Auch die ökonomische Kategorie des Marktes ist seit langem und immer noch leider Opfer eines immer wieder zu sehr abstraktifizierenden Denkens. Der Markt ist weder ein Manipulationszusammenhang (wie es der Tradition linker Gesellschaftskritik entspricht) noch ein bloßer Ordnungsmechanismus (entsprechend der neoliberalen Apologetik).

Vielmehr ist der Markt ein sehr heterogenes kulturelles Gefüge, ein Feld der Interaktionen zwischen verschiedenen Optionen[6] darauf, was wir Menschen aus uns und unserem Leben machen. Dabei spielen die Unternehmen selbstverständlich eine wichtige Rolle. Mit ihren Selbstbeschreibungen tragen sie immer noch mächtig zur Mystifizierung des Ökonomischen bei, und der Großteil der betriebswirtschaftlichen Ausbildung in Deutschland folgt ebenfalls weiterhin dieser Ideologie. Aber selbst im vermeintlich kalkulatorischen Feld der bloßen Zahlen gibt es kein Ökonomisches jenseits kultureller und symbolischer Bedeutungszuweisungen und Interaktionen, wie Seuring am Beispiel des Kostenmanagements von Wertschöpfungsketten in der Textilbranche gezeigt hat (vgl. Seuring 2001).

Ohne die kulturwissenschaftliche Begrifflichkeit dazu hat bereits Schumpeter mit seiner Kategorie der „Creative Response" (vgl. Schumpeter 1947) den symbolökonomischen und kulturalistischen Charakter unternehmerischer Angebote markiert. Ein Unternehmen kann eine dem

---

[6] Wir sind gewohnt, auf der Konsumentenseite von Nachfrage zu sprechen, können kulturalistisch und interaktionsökonomisch die darin zum Ausdruck kommenden Optionen auf weitere Entwicklung gedanklich aber ebenso als Angebote fassen.

Volumen nach vielleicht gleiche Rendite aus sehr unterschiedlichen Geschäften erwirtschaften. Die gleiche betriebswirtschaftliche Rationalität (die wir für diesen Gedanken einen Moment unterstellen wollen) kann sich mit starker kultureller Diversität verkoppeln. Als Beispiele seien angeführt:

- Unternehmen der Ernährungswirtschaft operieren in einem breiten Spektrum zwischen hoch verarbeitender industrieller Produktion und Naturbelassenheit, Frische, Regionalität.

- Mobilität in der Zukunft steht für eine außerordentlich große Vielfalt an Produkten und Dienstleistungen von dem überkommenen benzinmotorgetriebenen Individualfahrzeug bis zu autofernen Verkehrsdienstleistungen.

- Im Bereich des Freizeitkonsums ergeben sich aus dem großen Fächer unternehmerischer Angebote ganz unterschiedliche Folgen für Kompetenzgewinne und -verluste der Menschen, für Bewegung oder Trägheit etc.

Die Beispiele zeigen, dass – in unserem Fall vor der normativen Folie nachhaltiger Entwicklung – auch für den Standpunkt der Kritik an Dualisierung und Antagonisierung das Risiko immer wieder groß ist, selbst danach zu verfahren (z.B. Biokost gegen Fast Food). Die Überwindung dieses zweiwertigen Denkens ist zugegebenermaßen nicht einfach, zu der Öffnung gegenüber der Pluralität der wirklichen Welt gibt es freilich keine vernünftige Alternative.

4. Unsere mögliche Moral heißt kulturelle Bildung

In Übereinstimmung mit Reckwitz (2000) ist es wichtig, das kulturwissenschaftliche Handlungsmodell nicht allein vom ökonomischen abzugrenzen, sondern auch vom soziologischen, das Kultur als verhaltensprägende Einflussvariable ja sehr wohl berücksichtigt. Allerdings vereinseitigt das soziologische Handlungsmodell die Wirkungen auf die (individuellen oder kollektiven) Akteure und vermag deren aktiv kulturprägender Rolle nicht gerecht zu werden, ist also zu sehr verhaltenstheoretisch und zu wenig handlungstheoretisch angelegt. Über Reckwitz hinaus führt uns das zu einer performativen Spezifizierung des kulturwissenschaftlichen Ansatzes, die die Positionsbestimmungen systematisch weiterführt, die in den Konzeptionen von Rorty und Taylor zum Ausdruck kommen und für die auch die zitierten Äußerungen Varelas stehen. Diese performative Spezifizierung richtet sich analytisch auf das Feld der kulturellen Kompetenzen, Fähigkeiten und Fertigkeiten individueller wie kollektiver Akteure.

Wenn wir dem Schein nach sehr plakativ, aber außerordentlich zutreffend das 20. Jahrhundert wissenschaftstheoretisch und -politisch als eines charakterisieren, in dem Verhaltens- und Systemtheorien zu Lasten von Handlungs- und Kulturtheorien systematisch privilegiert wurden (vgl. Pfriem 2000, 442f.), dann ist mit dem Plädoyer für Handlungs- und Kulturtheorien[7] noch nicht gegeben, wie diese konfiguriert werden sollten. Der performative turn kulturwissenschaftlicher Überlegungen führt hier weiter.[8]

Dieser performative turn ist in einer Weise handlungsorientiert, wie sie von vorgängigen Sichtweisen des werte- oder normengeleiteten Handelns deutlich unterschieden werden kann. Die Tätigkeiten des Herstellens, des Produzierens, des Machens und die in diesen Handlungen zum Ausdruck kommenden Kompetenzen, Fähigkeiten und Fertigkeiten (bzw. der Mangel an diesen) stehen im Vordergrund. Damit zusammenhängende Austauschprozesse, Veränderungen und Dynamiken lösen bestehende Strukturen auf und bilden neue heraus. Die Materialität, die Medialität und die interaktive Prozesshaftigkeit kultureller Prozesse sowie die Rekonstruktion der damit zusammenhängenden Bedeutungen sind von besonderem Forschungsinteresse.

„Im Mittelpunkt dieser neuen Sichtweise steht die Überzeugung, dass die eigentlichen Wissenseinheiten primär in einer konkreten, leiblichen, verkörperten, gelebten Form vorliegen, dass Wissen etwas mit

---

[7] Diese beiden sollen hier nach individuell vs. kollektiv differenziert werden.
[8] Den empirischen Hintergrund der nachfolgenden Argumentation stellt das an meinem Lehrstuhl für Unternehmensführung und dem für Absatz und Marketing (Prof. Dr. Thorsten Raabe) durchgeführte Ernährungskultur-Projekt OSSENA dar. Für die gegenüber diesem Text wesentlich gründlichere Fundierung sei vor allem auf Antoni-Komar (2006) und Nölle/Pfriem (2006) hingewiesen. Irene Antoni-Komar verdanke ich wesentliche Anstöße in dieser Richtung.

Situiertheit zu tun hat und seine Kontextgebundenheit kein 'Störfaktor' ist, der das lichte Muster seines wahren Wesens, das man sich als eine abstrakte Konfiguration vorstellt, verdunkelt" (Varela 1994, 13f.).

Nach Antoni-Komar ergibt sich eine dreiteilige Handlungserklärung, indem unbewusste Aktionen, kollektive Wissensbestände und die Kompetenz der Akteure im Praxiszusammenhang zusammen kommen.

Die Auflösung weltanschaulich und politisch autoritär homogenisierender Verhältnisse hat in Teilen der Bevölkerungen der frühindustrialisierten Länder zu Orientierungslosigkeiten geführt, die häufig verkürzt als Probleme von Arbeitslosigkeit, Jugendkriminalität, in der rechten Ecke dann als multikulturelle Überforderungen diskutiert werden. Wenn wir nun aber endlich zur Freiheit verdammt sind, fällt auf, wie wenig wir dafür gerüstet scheinen:

> „Das größte Problem in modernen Gesellschaften ist nicht, dass die Lebensführung zu sehr gegängelt würde, sondern dass sie behandelt wird, als verstünde sie sich von selbst, so dass sie zu erlernen kein Gegenstand von Bildung und Erziehung ist" (Schmid 1999, 119).

Wie erwirbt man nun aber Kompetenzen, und was ergibt sich daraus für eine kulturalistische Unternehmensethik sowie die wissenschaftliche Beschäftigung damit?[9]

Kompetenz wird erworben durch Handlung, Erfahrung und Wissen. Portmann (2003, 59ff.) unterscheidet zwei Formen des Handelns, das Denken und das Wirken. Denken bedeutet dabei kein unmittelbares Eingreifen in die Umwelt, bedarf aber eines Wissensvorrats zur Beurteilung einer Situation, während Wirken ein Handeln beinhaltet, das immer leibvermittelt in die Umwelt eingreift und als aktuelle Erfahrung betrachtet werden kann. Zwischen Wissensvorrat und aktueller Erfahrung bzw. Handeln bestehen Wechselwirkungen, während Wissen die Verarbeitung von einzelnen Erfahrungen bedeutet. Umgekehrt werden Erfahrungen mit Hilfe des Wissensvorrats gedeutet, d.h. es werden Deutungsmuster herausgebildet. Wissen wird durch Erfahrungen und Handlungen laufend transformiert. Was aber nun ist Erfahrung?

---

[9] Die beiden folgenden Abschnitte sind direkt entnommen aus dem von Veronika Nölle verfassten Teil in Nölle/Pfriem (2006).

Eine Verbindung von verfeinerter Wahrnehmung und geübtem Handeln ist das, was wir als Erfahrung bezeichnen (vgl. Fuchs 2003, 70f.). Erfahrung erwirbt man durch Wiederholung, sie resultiert aus erlebten Situationen in einer Einheit leiblicher, sinnlicher und atmosphärischer Wahrnehmung. Bei diesem Vorgang wirken unsere Sinne synästhetisch zusammen, erlebte Situationen sind somit leibgebunden. Das Zusammenspiel der Sinne im Erleben kann nicht ersetzt werden durch davon losgelöste Einzelmomente, beispielsweise der Schulungen einzelner Sinne. Erfahrung ist gebunden an eine Tätigkeit, an eine Beweglichkeit des Leibes. Fuchs spricht hier von „Bemerken" und „Bewirken". „Erst der Gestaltkreis von Wahrnehmung und Eigenbewegung, von ‚Bemerken' und ‚Bewirken' vermittelt die persönliche Kenntnis der jeweiligen Materie und erlaubt schließlich den geschickten Umgang mit ihr" (Fuchs 2003, 71), etwas, das in „Fleisch und Blut" übergegangen ist. Erfahrung bedeutet auch Erleiden, Konfrontation mit Fremdem, Unbekanntem und beinhaltet die Möglichkeit des Misslingens.

Die Möglichkeit des Misslingens betrifft ein Problem, mit dem Unternehmensorganisationen schwer umgehen können. Erst recht unter dem Druck des Wettbewerbs fühlen sie sich verpflichtet, vor allem positiv zu kommunizieren und interne Lernprozesse über Machermentalität und ‚Think positive' voranzubringen. Aus der Literatur zum organisationalen Lernen von Unternehmen wissen wir, dass Verlernen die schwierigste Form des Lernens darstellt. Lernprozesse insbesondere in der ethisch-moralischen Dimension fallen umso schwerer, je mehr sie von außen angestoßen werden und keine hinreichenden internen Impulse vorhanden sind. Neben der zunehmenden Menge ethisch-moralischer Uneindeutigkeiten unternehmenspolitischer Herausforderungen spricht dies dafür, ein Ethik- bzw. Wertemanagement zu implementieren, das allerdings nach den Ausführungen dieses Textes der Anforderung genügen muss, nicht nur für Probleme mangelnder Regeleinhaltung zu taugen, sondern ebenso für ethisch sensible Aspekte bei Veränderungs- und Innovationsprozessen (vgl. Lautermann/Pfriem et al. 2005).

Der speziell performativ kulturalistische Zugang bestünde hier darin, weniger in den Kodifizierungen als in den tatsächlichen Handlungen die entscheidenden Gegenstände für Beobachtung und Analyse zu sehen. Die Begleitung organisationaler Lernprozesse müsste dem ebenfalls Rechnung tragen: Auch die Wahrnehmung und Wahrnehmungsfähigkeit von

Organisationen und Organisationsmitgliedern ist eine zutiefst sinnliche Angelegenheit.

5. Unternehmensstrategien sind Umgang mit dem Horizont offener Zukünfte

Als Angebotsleistungen zur Orientierung über gelingen könnendes Leben stoßen Unternehmensstrategien heute zwangsläufig in Lücken vor, die die Erosion religiöser, sonstiger weltanschaulicher, politischer, familiärer etc. Bindungen hinterlassen. Was Soziologen wie Ulrich Beck (1986) seit langem als Individualisierung beschreiben, markiert ja nur die eine, offener zutage tretende Bewegung. Die andere hat zum Inhalt, welche neuen soziokulturellen Ordnungsmuster sich bilden.[10]

Natürlich kommt es dabei zu Funktionswechseln. „Brand communities" (vgl. Hellmann 2003; Hellmann/Pichler 2005) ticken anders. Man glaubt nicht an Coca Cola, wie man vorher an Gott geglaubt hat. Bei peer groups u.ä. geht es vielmehr um gemeinsam als sinnstiftend erachtete Formen der Selbstinszenierung, was unterstreicht, wie ergiebig der speziell performative Zugang einer kulturwissenschaftlichen Perspektive aufgrund der stattfindenden soziokulturellen Veränderungen tatsächlich ist. Dabei wäre das branding kaum so erfolgreich, wenn dessen performative Akte nicht mit neuen hochwirksamen Personalisierungen verbunden wäre. Der Prozess ist längst im Gange. Ob wir beim Fußball im Fernsehen die Dellings und Netzers eher sympathisch finden und die Kerners und Beckmanns eher abstoßend, ist allenfalls in dritter oder vierter Linie von Bedeutung. Der main-stream dieser Entwicklung besteht in der Herausbildung, Fremd- und natürlich auch Selbstbestätigung einer bildungsfeindlichen Eventokratie.[11]

---

[10] Das ist nebenbei ein wichtiges Argument für die Relevanz kollektiv bezogen kulturtheoretischer neben eher individuell handlungstheoretischen Betrachtungen und Untersuchungen.

[11] Als geradezu klassisches Zitat dazu mag der kürzliche Satz der ja auch vor ihrer Heirat schon prominenten Frau des Fußballers David Beckham dienen: „Ich habe in meinem Leben noch nie ein Buch gelesen, ich habe einfach nicht die Zeit dafür."

Insofern wäre es etwa inzwischen ganz wirklichkeitsfern, sich über ältere Frauen zu belustigen, die sich mittels der Lektüre von Goldenem Blatt und Frau im Bild an den Problemen des Königshauses von Belgien oder wo auch immer ergötzen oder daran mitleiden, je nach Situation. Auch altersmäßig sitzt das Problem in der Mitte der Gesellschaft, worüber z. B. die Untersuchungen über die unterschiedlichen Wählerschichten für die beiden politischen Lager in Italien interessante Aufschlüsse geben. Die Eventokratie zieht ihre Reputation gerade nicht aus bei näherem Hinsehen tatsächlich bewundernswerten Eigenschaften, sondern aus via Entertainment demonstrierter Bildungslosigkeit. Das ist für sich schon ein großes kulturelles Problem. Das mindestens ebenso große scheint allerdings darin zu bestehen, dass Unternehmen, Entscheidungsträger von Unternehmen sowie Wissenschaftler, die als Vertreter der Ökonomik sich mit Ökonomie und eben auch Unternehmen beschäftigen, sich selbst und anderen einreden, sie hätten damit nichts zu tun. Wenn wir uns freilich von den alten Bildern lösen, mit denen die Industriebetriebslehre vor einem halben und erst recht einem ganzen Jahrhundert durchaus angemessen die Unternehmenslandschaft abbildete, und die unternehmensstrukturelle Verfasstheit der eventokratischen Prozesse näher beleuchten, gelangen wir sehr rasch zu der Feststellung, dass wir einen wesentlichen Teil der heute real existierenden Unternehmenslandschaft gar nicht zum Gegenstand unserer wissenschaftlichen Arbeit machen.

Nun ist das kulturelle Problem aber kein ethisch-moralisches im engeren Sinne. Wer das Phänomen Dieter Bohlen kritisiert, tut dies aus eher ästhetisch-kulturellen Gründen als aus ethisch-moralischen: Eine ethisch-moralisch fundierte Kritik würde rasch in Versuchung geraten, sich allzu biederer und altbackener Argumente bedienen zu müssen. Nun hat es (noch randständiger als manch andere wissenschaftliche Diskurse[12]) in der jüngeren Vergangenheit Bemühungen gegeben, die Verflechtungen zwischen Ethik und Ästhetik aufzuklären (vgl. Wulf et al. 1994). Diese Bemühungen bestätigen meines Erachtens, was nicht nur für kulturelle Einzelphänomene wie Dieter Bohlen gilt, sondern die gesamten ange-

---

[12] Es lohnt sich durchaus bei unserem Treiben, sich ab und an die Frage zu stellen, wie viele Menschen, die wir ja schließlich in diagnostizierender oder Veränderungsabsicht ansprechen, wir mit unseren Texten prozentual eigentlich erreichen.

deuteten gesellschaftlichen Veränderungsprozesse: Es geht um nicht weniger als das äußerst heterogene und konfliktäre Feld kultureller Auseinandersetzungen über die Frage, worin eigentlich das gute und schöne Leben der Zukunft bestehen soll bzw. kann. Und dieses Feld ist den nationalstaatlichen oder übernational regionalen Räumen inzwischen entzogen, vielmehr selbst globalisiert, wie Wolfgang Sachs in einem Oldenburger Vortrag an dem Beispiel verdeutlichte, dass der Anwalt in Caracas und ein Kompagnon in Neu-Delhi kulturell längst mehr gemeinsam haben als die beiden jeweils mit einem Bauern keine 50 Kilometer entfernt.

Die Frage des guten und schönen, also gelingenden Lebens ist demnach, dies sei als These bekräftigt, insbesondere eine ästhetische Frage bzw. Angelegenheit, auf die hin natürlich viele Fragen und Probleme auch sehr direkt ethisch-moralischer Art sind (etwa die nach der Bereitschaft der globalen Konsumentenklasse, die eigenen kulturellen Praktiken im Sinne der Idee nachhaltiger Entwicklung so umzugestalten, dass zeitgleich alle und außerdem künftige Menschen im Prinzip die Chance auf ein gutes und schönes Leben haben). Das Nicht-Notwendige erweist sich gerade als das Schöne im Leben und ist mit dem noch nicht Bekannten aufs Engste verknüpft. Die Sehnsucht, die „Erfahrung der Ferne" (vgl. Leed 1993) zu machen, scheint ein tief verankertes menschliches Bedürfnis zu sein, das durch noch so viel berechtigte Kritik an konkreten Formen des heutigen Massentourismus nicht außer Kraft gesetzt werden kann. Dies ist nur eines von vielen Beispielen, mit denen darauf hingewiesen werden kann, dass das kulturelle Feld nicht zu simpel in richtiges und falsches Handeln aufgeteilt werden kann – es gibt zu viele endogene Probleme, Inkonsistenzen und Widersprüche.

Für den Umgang mit prinzipiell offenen Zukünften haben Unternehmen genauso wie andere Akteure die Schwierigkeit, viele Entscheidungen immer wieder erst treffen zu müssen. Je mehr sie meinen, das abschaffen zu können, erst recht, je mehr sie meinen, absehbaren Pfaden folgen zu können, desto mehr verriegeln sie sich ihre eigene Zukunft.

Kulturelle Bedeutungsschemata fallen nicht vom Himmel, sondern sind in ökonomischer Betrachtung emergente Ergebnisse zwischen Angebot und Nachfrage. Aus der Forschung und Beratung zur Organisationsentwicklung ist seit langem bekannt, dass die Entwicklungsfähigkeit der Organisation wesentlich verkoppelt ist mit der Fähigkeitsentwicklung der Organisationsmitglieder. Diese stehen bekanntlich für beide Seiten der ökonomischen Interaktion, als Mitglieder einer Unternehmensorganisation für die Angebots-, als Konsumenten für die Nachfrageseite. Traditionell wurde und wird Organisationsentwicklung[13] als Vermittlung betrieblicher Anpassungserfordernisse mit persönlichen Entfaltungsmöglichkeiten in der beruflichen Arbeit assoziiert. Es wäre revolutionär, hier auf kulturelle Bildung in einem nicht nur instrumentellen Sinne zu setzen, vielmehr in der Richtung, dass sich die Mitglieder einer Unternehmensorganisation als Mitproduzenten ihres Unternehmens nicht nur in der technischen, sondern auch der kulturellen Dimension verstehen lernen. Zugegebenermaßen befördert das derzeitige Ansteigen eher prekärer Arbeitsverhältnisse das Gegenteil, nämlich eine neue instrumentelle Einstellung zur Arbeit (jobholder-Mentalität), die den emanzipatorischen Potentialen eines Selbstverständnisses als Lebensunternehmer natürlich abträglich ist.

Über die Flexibilisierung der Arbeits(zeit)verhältnisse wie über zunehmenden Druck auf selbständigen Umgang mit dem eigenen Lebenseinkommen erhalten Unternehmen eine wachsende Zuständigkeit für Prozesse der Gemeinschaftsbildung.[14] Damit kommt die Frage auf, wie sie diese Zuständigkeit nutzen und wie andere sich dazu verhalten. Für einen Teil mag es richtig sein, sich der damit verbundenen imperialen Ansprüche zu erwehren. Dass Universitäten oder andere Forschungseinrichtungen sich finanzielle Mittel über eine Auftragsforschung verschaffen, die mehr den schon vorhandenen Interessen der Auftraggeber verpflichtet ist als einer unbefangenen Erkenntnisgewinnung, sei hier als Beispiel angeführt. Es erscheint freilich illusorisch, die Unternehmen als solche aus dieser Rolle verdrängen zu können, insofern kommt es mehr auf die Inhalte an.

Und diese Inhalte werden ja wiederum über ständige Interaktionen zwischen Angebot und Konsumorientierungen generiert. Ein Blick darauf bekräftigt, dass wir eine die ästhetische Dimension einschließende

---

[13] Inzwischen eingetretene Verschiebungen von Organisationsentwicklung zu Change Management u.ä. sollen hier keine Rolle spielen, zumal es sich häufig eher um terminologische als um wirklich sachliche handelt, siehe dazu Pfriem (2005).
[14] Diesen Ausdruck von Kai-Uwe Hellmann bei einem Vortrag im Kulturwissenschaftlichen Institut in Essen möchte ich hier gerne aufgreifen.

weitergehende kulturelle Perspektive brauchen und mit engen ethisch-moralischen Kriterien nicht weit genug kommen. Ein relevantes Beispiel liefern die gegenwärtigen kulturellen Auseinandersetzungen um die Beziehung zwischen Produktqualität und -preis, genauer: welche Rolle Qualitätsdifferenzen im Verhältnis zum Preis eigentlich zugewiesen wird. Ist Geiz wirklich geil?[15] Verbunden damit ist auf den Plattformen des gesellschaftlichen Wettbewerbs[16] gerade in jüngster Zeit eine verstärkte Orientierung auf ‚The winner takes it all'. Mag man bei manchen kulturellen Phänomenen noch Argumente finden, dass die Quellen eher außerhalb von Unternehmen im engeren Sinne zu suchen sind, so markiert ‚The winner takes it all' eine kulturelle Verschiebung, die ganz massiv mit der Verschärfung des unternehmerischen Wettbewerbs zu tun hat, und zwar in beiden Dimensionen: des Wettbewerbs zwischen den Unternehmen wie des personalbezogenen Wettbewerbs innerhalb der Unternehmen.[17]

Solche kulturellen Verschiebungen sind es, die unternehmensethisch motivierte Untersuchungen zu ihrem Gegenstand machen sollten, und es wird sich dann rasch erweisen, dass wir mit dem überkommenen Verständnis von Ethik ins Schwimmen kommen.[18] Unternehmen konkurrieren zunehmend nicht nur auf der Ebene von Produkten bzw. Dienstleistungen und Prozessen[19], sondern auch auf der Ebene der Generierung von Zukunftsmärkten. Diese dritte Stufe unternehmerischen Wettbewerbs geht über das vorgängige Verständnis von Basisinnovationen deutlich

---

[15] Gar nicht hauptsächlich normativ, sondern empirisch und analytisch wird dies bestritten von Rodenhäuser et al. (2005).

[16] Hier gibt es bemerkenswerte Parallelen zwischen jüngeren Entwicklungen im Leistungssport wie in anderen gesellschaftlichen Bereichen, die belegen, dass wir es hier und in ähnlichen Fällen mit übergreifenden kulturellen Trends zu tun haben.

[17] Dieser Befund wird durch den anderen Trend, dass Unternehmen inzwischen auch mehr kooperieren, Netzwerke und strategische Allianzen bilden, leider nicht außer Kraft gesetzt.

[18] Koslowskis kurzes Vorwort in dem trotzdem „Ethik des Konsums" heißenden Band spiegelt das wider, siehe Koslowski/Priddat (2006).

[19] Im Sinne dieses Textes selbstverständlich inklusive der damit verbundenen kulturellen Bedeutungen.

hinaus.[20] Es gibt also für hinreichend differenzierungswillige unternehmensethische Forschungen viel zu tun, gerade auch empirisch.

Literatur

Antoni-Komar, I. (2006): Ernährungskultur als alimentäre Praxis. Oder: Die Grenzen der bloßen Beschreibung, in: Pfriem, R., Raabe, Th., Spiller, A. (Hrsg.): Das Unternehmen nachhaltige Ernährungskultur, Marburg, S. 53-98

Bauman, Z. (1995): Postmoderne Ethik, Hamburg

Beck, U. (1986): Die Risikogesellschaft, Frankfurt/Main

Bloch, E. (1978): Das Prinzip Hoffnung, 3 Bde., Frankfurt/Main

Burmeister, K., Neef, A. (Hrsg.) (2005): In the long run. Corporate Foresight und Langfristdenken in Unternehmen und Gesellschaft, München

Castoriadis, C. (1984): Gesellschaft als imaginäre Institution, Frankfurt/Main

Fichter, K., Paech, N., Pfriem, R. (2005): Nachhaltige Zukunftsmärkte. Orientierungen für unternehmerische Innovationsprozesse im 21. Jahrhundert, Marburg

Fischer, D. (2005): Strategisches Management in der Symbolökonomie, Marburg

Forschungsgruppe Unternehmen und gesellschaftliche Organisation (FUGO) (Hrsg.) (2004): Perspektiven einer kulturwissenschaftlichen Theorie der Unternehmung, Marburg

Freeman, R. E. (1984): Strategic Management. A Stakeholder Approach, Boston et al.

Fuchs, Th. (2003): Was ist Erfahrung? in: Hauskeller, M.: Die Kunst der Wahrnehmung, Kusterdingen, S. 69-87

Hejl, P. M. (2006): Das adaptionistische Missverständnis, in: Rusch, G. (Hrsg.): Konstruktivistische Ökonomik, Marburg, S. 123-158

Hellmann, K.-U. (2003): Soziologie der Marke, Frankfurt/Main

Hellmann, K.-U., Pichler, R. (Hrsg.) (2005): Ausweitung der Markenzone. Interdisziplinäre Zugänge zur Erforschung des Markenwesens, Wiesbaden

Hirschman, A. O. (1974): Abwanderung und Widerspruch, Tübingen

---

[20] Vgl. dazu Fichter et al. (2005).

Hirschman, A. O. (1977): Leidenschaften und Interessen. Politische Begründungen des Kapitalismus vor seinem Sieg, Frankfurt/Main

Hirschman, A. O. (1988): Engagement und Enttäuschung: Über das Schwanken der Bürger zwischen Privatwohl und Gemeinwohl, Frankfurt/Main

Koslowski, P., Priddat, B.P. (Hrsg.) (2006): Ethik des Konsums, Paderborn

Krohn, W., Küppers, G. (1992): Emergenz. Die Entstehung von Ordnung, Organisation und Bedeutung, Frankfurt/Main

Lash, S., Urry, J. (1994): Economies of Signs and Space, London et al.

Lautermann, Ch., Pfriem, R. (2006): Es darf gewollt werden. Plädoyer für eine Renaissance der Tugendethik, in: Wieland, J. (Hrsg.): Die Tugend der Governance, Marburg, S. 109-136

Lautermann, Ch., Pfriem, R., Wieland, J., Fürst, M., Pforr, S. (2005): Ethikmanagement in der Naturkostbranche. Eine Machbarkeitsstudie, Marburg

Leed, E. J. (1993): Die Erfahrung der Ferne. Reisen von Gilgamesch bis zum Tourismus unserer Tage, Frankfurt, New York

Lyotard, J.-F. (2004): Die Logik, die wir brauchen. Nietzsche und die Sophisten, Bonn

Mintzberg, H., Ahlstrand, B., Lampel, J. (1999): Strategy Safari. Eine Reise durch die Wildnis des Strategischen Managements, Wien

Nietzsche, F. W. (1980, orig. 1886): Jenseits von Gut und Böse, Berlin, New York

Nölle, V., Pfriem, R. (2006): Zur Stärkung subjektbezogener Theorien – kulturelle Kompetenzen, Fähigkeiten und Fertigkeiten, in: Pfriem, R., Raabe, Th., Spiller, A. (Hrsg.): Unternehmen nachhaltige Ernährungskultur(en), Marburg, S. 99-118

Patterson, Ch. (2004): Für die Tiere ist jeden Tag Treblinka. Über die Ursprünge des industrialisierten Tötens, Frankfurt/Main

Pfriem, R. (2000): Jenseits von Böse und Gut. Ansätze zu einer kulturwissenschaftlichen Theorie der Unternehmung, in: Beschorner, Th., Pfriem, R. (Hrsg.): Evolutorische Ökonomik und Theorie der Unternehmung, Marburg, S. 435-476

Pfriem, R. (2004): Unternehmensstrategien sind kulturelle Angebote an die Gesellschaft, in: Forschungsgruppe Unternehmen und gesellschaftliche Organisation (Hrsg.): Perspektiven einer kulturwissenschaftlichen Theorie der Unternehmung, Marburg, S. 375-404

Pfriem, R. (2005): Beratung und Gesellschaft, in: Mohe, M. (Hrsg.): Innovative Beratungskonzepte. Ansätze, Fallbeispiele, Reflexionen, Leonberg, S. 19-42

Pfriem, R. (2006): Nachhaltiges Wirtschaften aus kulturalistischer Sicht, in: Tiemeyer, E., Wilbers, K. (Hrsg.): Bildung für nachhaltiges Wirtschaften, Gütersloh, S. 107-114

Pieper, A. (1991): Einführung in die Ethik, Tübingen

Portmann, A. (2003): Kochen und Essen als implizite Religion, Münster

Reckwitz, A. (2000): Die Transformation der Kulturtheorien, Weilerswist

Rodenhäuser, B., Schulz-Montag, B., Burmeister, K. (2005): Die Mitte lebt. Neue Konsummuster, Hamburg

Rorty, R. (1994): Hoffnung statt Erkenntnis. Eine Einführung in die pragmatische Philosophie, Wien

Schmid, W. (1999): Philosophie der Lebenskunst, Frankfurt/Main

Schulze, G. (1993): Die Erlebnisgesellschaft, Frankfurt/New York

Schumpeter, A. J. (1947): The Creative Response in Economic History, in: Journal of Economic History, Nr. 7, S. 149-159

Seuring, St. (2001): Supply Chain Costing. Kostenmanagement in Wertschöpfungsketten mit Target Costing und Prozesskostenrechnung, München

Steinmann, H. (2004): Begründungsprobleme einer Unternehmensethik, insbesondere das „Anfangsproblem", in: Die Unternehmung, Jg. 2, Nr. 58, S. 105-122

Taylor, Ch. (1996): Quellen des Selbst. Die Entstehung der neuzeitlichen Identität, Frankfurt/Main

Varela, F. (1994): Ethisches Können, Frankfurt/New York

Wolf, U. (2004): Das Tier in der Moral, Frankfurt/Main

Wulf, Ch., Kamper, D., Gumbrecht, H.U. (Hrsg.) (1994): Ethik der Ästhetik, Berlin

Autorinnen und Autoren

Michael Aßländer, geb. 1963, studierte Betriebswirtschaftslehre, Volks-wirtschaftslehre, Philosophie, Soziologie, Psychologie und Russische Sprache in Bamberg, Wien, Bochum und Moskau. Nach Abschluss als Diplomkaufmann (1988) und Magister Artium (1990) in Philosophie arbeitete er fünf Jahre als freiberuflicher Dozent. Von 1997-1999 war er wissenschaftlicher Mitarbeiter am Lehrstuhl Philosophie II an der Otto-Friedrich-Universität Bamberg, wo er 1998 zum Dr. phil. promovierte. Von 1999-2005 arbeitet er als wissenschaftlicher Assistent am Lehrstuhl für Sozialwissenschaften am Internationalen Hochschulinstitut in Zittau, wo er 2005 seine Habilitation als Dr. rer. pol. habil. abschloss. Seit 2005 ist er Inhaber der Stiftungsprofessur für Wirtschafts- und Unternehmensethik an der Universität Kassel. Von 2000-2005 war er als Geschäftsführer des Deutschen Netzwerks Wirtschaftsethik tätig und ist seit 2005 stellvertretender Vorstandsvorsitzender. Seit 2004 ist er Mitglied im Gründungsvorstand des Österreichischen Netzwerks Wirtschaftsethik und derzeit Obmann-Stellvertreter. 2005 übernahm er als verantwortlicher Redakteur die Herausgabe der Zeitschrift *Forum Wirtschaftsethik*. Seit 2008 ist er Mitglied im Executive Committee des European Business Ethics Network.

Jens Beckert, geb. 1967, ist Professor für Soziologie und Direktor am Max-Planck-Institut für Gesellschaftsforschung in Köln. Studium der Soziologie und der Betriebswirtschaftslehre an der Freien Universität Berlin und der New School for Social Research in New York. Von 1993-1999 wissenschaftlicher Mitarbeiter am Institut für Soziologie der FU Berlin. Visiting Research Fellow an der Princeton University (1994-95), dem Center for European Studies der Harvard University (2001-02) und dem Europäischen Hochschulinstitut in Florenz (2007-08). Associate Professor für Soziologie an der International University Bremen (2002-2003) und Professor für Gesellschaftstheorie an der Universität Göttingen (2003-2005). Forschungsschwerpunkte: Wirtschafts- und Organisationssoziologie, soziologische Theorie, Soziologie der Erbschaft.

Thomas Beschorner, geb. 1970, ist seit 2009 „Professeur associé" am Centre canadien d'études allemandes et européennes (CCEAE) der kanadischen Université de Montréal. Ausbildung zum Kaufmann im Groß- und Außenhandel, Studium der Wirtschaftswissenschaften an der Universität Kassel und der National University of Ireland. 2001 Promotion am Max-Weber-Kolleg für kultur- und sozialwissenschaftliche Studien der Universität Erfurt, Leiter der wissenschaftlichen Nachwuchsgruppe „Gesellschaftliches Lernen und Nachhaltigkeit" an der Universität Oldenburg (Habilitation 2007) und anschließend DAAD-Professor. Thomas Beschorner ist Gründer und Mitherausgeber der Zeitschrift für Wirtschafts- und Unternehmensethik (zfwu) und der Internetplattform CSR NEWS.

Alexander Brink, geb. 1970 in Düsseldorf, seit 2008 Professor für Wirtschafts- und Unternehmensethik an der Universität Bayreuth und permanenter Gastprofessor für Corporate Governance & Philosophy an der Privaten Universität Witten/Herdecke. Von 2002 bis 2008 Juniorprofessor für Angewandte Ethik im Bayreuther Studienprogramm Philosophy & Economics. Zuvor Studium der Wirtschaftswissenschaften (Dipl.-Ökonom) und Philosophie (Magister Artium), Promotionen in der Philosophie (Ruhr-Universität Bochum) und in den Wirtschaftswissenschaften (Private Universität Witten/Herdecke), Postdoktoranden-Stipendium der Deutschen Forschungsgemeinschaft (DFG) und Forschungsaufenthalt in Yale. Praktische Erfahrungen (Unternehmensentwicklung, Konzernstrategie, Finanzen, Vertrieb) bei Mannesmann, Degussa und SKW Trostberg, u.a. in den USA und Australien. Forschungsschwerpunkte: Wirtschafts- und Unternehmensethik, Corporate Governance und Corporate Social Responsibility.

Andrew Crane ist seit 2007 George R. Gardiner Professor of Business Ethics an der Schulich School of Business, York University, Canada. Davor Nottingham University Business School, UK (2004-2006, Chair in Business Ethics; 2002-2004, Senior Lecturer in Business Ethics). Ph. D. an der Nottingham University Business School mit dem Thema ‚Marketing, Morality and the Natural Environment' (1994-1998). Schwerpunkte sind: Business and Sustainability, Business Ethics, Consumer Ethics, Corporate Social Responsibility, Marketing and Sustainability, Strategic Management.

Elisabeth Göbel, geb. 1956, apl. Prof. an der Universität Trier, Dr. rer. pol. habil., 1975-1978 Ausbildung zur Industriekauffrau, 1979-1981 Studium der Wirtschaftswissenschaften an der RWTH Aachen, 1982-1985 Studium der Betriebswirtschaftslehre in Tübingen, Promotion 1991, Habilitation 1997 (beides in Tübingen), 1985-1999 wissenschaftliche Mitarbeiterin am Lehrstuhl für Planung und Organisation von Prof. Dr. F. X. Bea, 2000 Umhabilitation nach Trier, verheiratet, eine Tochter.

Dirk Matten, geb. 1965, ist Inhaber des Hewlett-Packard Chair in Corporate Social Responsibility an der Schulich School of Business, York University in Toronto. Zuvor hatte er den Lehrstuhl für Corporate Social Responsibility and Business Ethics an der School of Management, Royal Holloway, University of London inne. Er ist zugleich Gastprofessor am International Centre for CSR der Nottingham University, GB. Er hat gelehrt und geforscht an Universitäten in Australien, Belgien, Deutschland, Frankreich, Großbritannien, Italien, Kanada, der Tschechischen Republik und den USA. 1997 hat er in Düsseldorf mit summa cum laude promoviert und 2004 wurde ihm von dort auch die Venia Legendi für das Fach Betriebswirtschaftslehre verliehen. Für seine Arbeiten im internationalen Management wurde ihm 2002 der *Carolyn Dexter Best International Paper Award* der *Academy of Management* verliehen.

Jeremy Moon, geb. 1955, ist Professor of Corporate Social Responsibility und Direktor des International Centre for Corporate Social Responsibility an der Nottingham University Business School. Davor war er unter anderem Head der School of Law, Governance & Information Management der University of North London, Chair of Political Science der University of Western Australia, Hallsworth Visiting Professor in Government in Manchester, Visitor at the Institute for Advanced Studies in Princeton and By-Fellow at the Churchill College in Cambridge. Studium der Politikwissenschaften an der University of Extern, das er 1983 mit dem PhD beendete. Forschungsschwerpunkte: Government and CSR, Comparative CSR, Conceptualising and Theorising CSR and Corporate Citizenship.

Reinhard Pfriem, geb. 1949, ist seit 1994 ordentlicher Universitätsprofessor für Allgemeine Betriebswirtschaftslehre, Unternehmensführung und Betriebliche Umweltpolitik an der Carl von Ossietzky Universität Oldenburg. Studium der Politikwissenschaft und Philosophie an der Freien Universität Berlin, der Wirtschaftswissenschaft an der Ruhr-Universität Bochum. 1985 Initiator des Instituts für ökologische Wirtschaftsforschung (IÖW) gGmbH in Berlin, bis 1990 geschäftsführender Gesellschafter. Seit 1993 Gründungsgesellschafter der ecco ecology + communication Unternehmensberatung GmbH. Seit 2003 Direktoriumsmitglied des Konstanzer Zentrums für Wirtschaftsethik (ZfW). Vorsitzender des nachhaltigkeitsorientierten Unternehmensnetzwerks ONNO e.V. in Ostfriesland. Herausgeber der Buchreihe *Theorie der Unternehmung* im Marburger Metropolis-Verlag.

Andreas Georg Scherer, geb. 1964, Studium der Betriebswirtschaftslehre an der Universität Erlangen-Nürnberg (1984-1989), 1989 Diplom-Kaufmann, 1994 Promotion, 2000 Habilitation. 1990-2000 Assistent am Betriebswirtschaftlichen Institut der Universität Erlangen-Nürnberg (bei Prof. Dr. Dr. h.c. mult. Horst Steinmann), 2000-2002 Professor für BWL der öff. Verwaltung/Managementlehre am Fachbereich Politik- und Verwaltungswissenschaften der Universität Konstanz. Seit 2002 Inhaber des Lehrstuhls „Grundlagen der BWL und Theorien der Unternehmung" an der Universität Zürich. Seit 2004 Leiter des Instituts für Organisation und Unternehmenstheorien (IOU). Forschungsgebiete: Internationales Management, Organisationstheorie, Unternehmensethik, Wissenschaftstheorie u.a.

Olaf J. Schumann, Studium der Wirtschaftswissenschaften und Philosophie in Kassel, 1993 Diplom Ökonom, anschließend wiss. Mitarbeiter in einem empirischen Forschungsprojekt zur Unternehmenskultur an der Univ. Kassel; 1995-1998 Promotionsstipendiat der Hans Böckler Stiftung, anschließend wiss. Referent am Institut für Wirtschafts- und Sozialethik an der Univ. Marburg, 2000 interdisziplinäre Promotion an der Univ. Kassel (Dr. rer. pol.), danach Mitarbeiter am Interfakultären Zentrum für Ethik in den Wissenschaften der Univ. Tübingen, seit 2006 dort assoziiertes Mitglied, 2005 Fellow am Hanse-Wissenschaftskolleg in Delmenhorst, seit 2001 Lehrbeauftragter für Wirtschaftsethik an verschiedenen Hochschulen (u. a. Tübingen, Ulm, Frankfurt/M.), seit 2008 Projektleiter und Leiter der Arbeitsstelle Wirtschaftsethik am Fachbereich Wirtschaftswissenschaften der Goethe-Univ. Frankfurt a. M. Initiator, Gründer und Mitherausgeber der Zeitschrift für Wirtschafts- und Unternehmensethik (zfwu).

Wirtschaft und Gesellschaft

Die heuer im 36. Jahrgang erscheinende Quartalszeitschrift „Wirtschaft und Gesellschaft" wird von der Abteilung Wirtschaftswissenschaft und Statistik der Kammer für Arbeiter und Angestellte für Wien redaktionell betreut. Sie beschäftigt sich sowohl mit österreichischen als auch internationalen Fragen der Wirtschaftspolitik, mit Wirtschaftstheorie, gelegentlich auch mit verwandten Bereichen wie Wirtschaftsgeschichte, Soziologie und Politikwissenschaft.

Die Zeitschrift wendet sich an alle, die an eingehenderen Analysen von wirtschaftspolitischen Themen interessiert sind. Bei der Auswahl und Behandlung der Inhalte wird großer Wert auf die Synthese aus Erkenntnissen der akademischen Wissenschaft mit der Praxis, der wirtschafts- und sozialpolitischen Realität, gelegt.

Ein Jahrgang umfasst vier Hefte mit insgesamt rund 600 Seiten. Jedes Heft enthält ein Editorial, in dem zu aktuellen tagespolitischen Problemen Stellung bezogen wird, vier bis fünf Hauptartikel sowie mehrere Rezensionen kürzlich erschienener Fachliteratur. Fallweise erscheinen auch Beiträge in den Rubriken „Kommentar" und „Berichte und Dokumente" sowie längere Besprechungsaufsätze. Die Artikel stammen von in- und ausländischen Vertretern von Theorie und Praxis, aus Forschung und Lehre, von Unternehmen und Verbänden.

In den letzten Heften erschienen u.a.: ein Beitrag von P. Mayerhofer über Wiens Beschäftigungssystem (1/07), von E. Stockhammer über das Nachfrageregime im Euro-Raum und von R. Bartel über den öffentlichen Sektor in der Defensive (2/07), von G. Tichy über das Leben nach der Krise (4/09), von F. Traxler und B. Brandl über Lohnführerschaft in Österreich (1/08), von P. Fleissner über neuere Gesichtspunkte der Arbeitswertlehre (3/08) sowie von V. Pankov über Integrationstendenzen im postsowjetischen Raum (4/08).

Preise: Einzelnummer € 10,50, Jahresabonnement € 33,- (inkl. Auslandsversand € 55,-), ermäßigtes Studenten-Jahresabonnement gegen Bekanntgabe einer gültigen ÖH-Card-Nummer € 19,50, jeweils inkl. Mwst.

Zu bestellen bei: LexisNexis Verlag ARD Orac, A-1030 Wien, Marxergasse 25, Tel. 01/534 52-0, Fax 01/534 52-140, e-mail: verlag@lexisnexis.at. Dort kann auch ein kostenloses Probeheft angefordert werden.